检察机关证据调查制度研究

刘军　主编

中国人民公安大学出版社

·北 京·

图书在版编目（CIP）数据

检察机关证据调查制度研究 / 刘军主编. ——北京：中国人民公安大学出版社，2024.8

ISBN 978-7-5653-4794-8

Ⅰ.①检… Ⅱ.①刘… Ⅲ.①检察机关—证据—调查—研究—中国 Ⅳ.①D926.3

中国国家版本馆CIP数据核字（2024）第002505号

检察机关证据调查制度研究

刘军　主编

责任编辑：霍金渊
责任印制：周振东

出版发行：中国人民公安大学出版社
地　　址：北京市西城区木樨地南里
邮政编码：100038
经　　销：新华书店
印　　刷：北京市泰锐印刷有限责任公司

版　　次：2024 年 8 月第 1 版
印　　次：2024 年 8 月第 1 次
印　　张：11
开　　本：787 毫米 × 1092 毫米　1/16
字　　数：160 千字

书　　号：ISBN 978-7-5653-4794-8
定　　价：55.00 元

网　　址：www.cppsup.com.cn　　www.porclub.com.cn
电子邮箱：zbs@cppsup.com　　zbs@cppsu.edu.cn

营销中心电话：010-83903991
读者服务部电话（门市）：010-83903257
警官读者俱乐部电话（网购、邮购）：010-83901775
综合分社电话：010-83901670

前　言

随着积极主义法律监督观的深入人心，证据裁判规则的持续修订、更新以及智慧检务平台、人民法院案例库等的推广和普及，新时期、新阶段检察机关证据调查制度面临着新的机遇和挑战。首先，在积极主义法律监督观的引领和推动下，检察机关在证明证据合法性，排除非法证据，补正瑕疵证据，审查、运用电子证据，补充收集新证据等具体、烦琐的证据调查工作中的主观能动性和积极性得以大幅提升。与此同时，检察机关证据调查人员传统的、局限的法律监督观得到一定程度的改观。其次，近年来，适应新形势新变化，《民事诉讼法》突出司法为民，先后五次修改；《关于民事诉讼证据的若干规定》（以下称《民事证据规定》）也大范围修订。这要求各级检察机关在证据调查工作中根据最新的法律法规、司法解释作出相应的调整和规范，以适应新时期、新阶段检察机关证据调查工作的实际需求。最后，智慧检务平台、人民法院案例库的推广、普及，要求各级检察机关证据调查工作人员积极学习大数据技术、计算机技术等新知识、新技能，以及时适应新时代的智慧检务工作需求。

在机遇与挑战并存的时代背景下，山东省济南市商河县人民检察院与山东财经大学法学院密切协作，共同回顾检察机关证据调查制度的建构历程，总结检察机关证据调查制度的实践难题，探寻检察机关证据调查制度的完善建议。写作提纲由山东省济南市商河县人民检察院检察长刘军和山东财经大学法学院教授赵信会、讲师赵景顺共同商议确定，全书分为九章：第一章证据裁判原则与检察证据调查，由袁红凤和邓文鹏执笔；第二章检察环节证据合法性证明方法，由袁红凤和沈继荣执笔；第三章检察环节非法证据排除规则，由刘晓悦和周古玥执笔；第四章检察机关瑕疵证据处理机制，由李易寒和赵遵宝执笔；第五章检察环节电子证据，由马雨嫣和候文文执笔；第六章基层检察机关技术性证据审查监督权能缺位的司法检视，由赵文浩和刘宁执笔；第七章检察公益诉讼证据收集规则，由高翔和张玉杰执笔；第八章二审检察机关补充收集证据制度，由齐晓雪和王嘉铎执笔；第九章民事生效裁判结果监督中检察机关对新证据的司法运用，由赵文浩和贾菲菲执笔；最后由刘军和赵景顺进行全书统稿。需要补充说明的是，书中的观点仅为一家之言，并非定论，恳请学界同仁批评、指正。

值本书出版之际，衷心祝愿山东省济南市商河县人民检察院与山东财经大学法学院的合作更加密切和深入，希望今后能够取得更多的研究成果。

刘军　赵景顺

2024 年 5 月

目　录

第一章

证据裁判原则与检察证据调查

证据裁判原则作为现代法治国家证据体系的核心，为审判机构在诉讼过程中对证据的确认提供了关键的支撑。尽管我国的《中华人民共和国刑事诉讼法》（以下简称《刑事诉讼法》）、《中华人民共和国行政诉讼法》（以下简称《行政诉讼法》）和《中华人民共和国民事诉讼法》（以下简称《民事诉讼法》）在某种程度上体现了证据裁判原则的精神，但是并没有对它作出清晰的规定。对于证据裁判原则，无论从学术理解还是实际运用的角度，都存在许多分歧，这需要我们更深层次地研讨。

一、证据裁判原则的基本内涵

（一）证据裁判原则的概念

所谓的证据裁判原则，又名证据裁判主义或证据为本原则。该原则认为，基于案件实情作出判断时，必定要靠有效的证据来确认。若在确定案件事实的过程中，缺少充分的证据，或者证据不足以全程证明案件真实情况，那就不应该将其作为直接认定案件事实的依据。我国于 2017 年制定的《关于全面推进以审判为中心的刑事诉讼制度改革的实施意见》第 2 条规定，司法人员应根据法律要求严格遵循证据裁判的需求，若没有证据则不应确认为犯罪事实。侦查机关完成侦查活动以后，由检察机关进行公诉，审判机关作出定罪量刑的裁判文书，这一过程的每个环节都必须做到案件事实清楚，证据确实、充分。侦查机关和检察机关需要根据定罪量刑的需求和标准去收集、认定、考察、使用证据，审判机关需要按照法定程序进行证据确认，依法作出裁定。综上可以看出，证据裁判原则已逐渐融入刑事诉讼制度中。[1]

（二）案件的事实认定必须依靠证据

判定争论中的事件真相，法官必须以充足和有力的证据作为判断依据，不能在证据稀缺或不充分的情况下定罪量刑。在这个过程中，法官需要集中处理事实和证据两个问题，并可以将前者进一步划分为两部分：一是具体需要证明的事实，二是需要证明的与待决事实直接相关的事实。本书主要讨论的是后者，也就是需要证明的与待决事实直接相关的事实。在《刑事诉讼法》中，事实确定的原则就是要根据相关有效证据进行；如果没有证据或证据不充足，就不能决定事实。我国《刑事诉讼法》第55条明确规定了这一点，所有案件都要重视证据，重视调查研究，不能轻信口供。如果只有被告人的口供，并没有其他证据，在该情况下，不能宣判被告人有罪并判处刑罚。这一法则充分体现了证据裁判原则，即在缺乏证据的情况下不能对待决事实作出判断。在我国，部分冤假错案就是源于错误的案件事实认定，因为案件事实模糊、证据不足的情况导致判决错误。证据裁判原则强调了在刑事诉讼领域中证据的重要性，一个孤立的证据不能成为定罪量刑和判处刑罚的依据，不能单凭一个独立的证据来判断案件的事实。

（三）证据必须具有证据资格

与之前的规定有所不同的是，我国现在更重视证据本身在案件中的证明力，也就是证据的证据资格，在认定案件事实时优先考虑证据的真实性即是否具有证据资格，但忽视了证据本身在案件中的真实性、合法性与关联性。案件事实本身对最终的裁判结果的影响是很大的，即使是这样，如果并不是《刑事诉讼法》中规定的有证据资格的、能作为认定案件事实的证据，也不能认定为刑事诉讼领域意义上的证据，对案件的裁判结果也是没有意义、不能作为认定案件事实依据的。如果我们不审查证据的属性，就等于放任控辩

---

[1] 张佳华：《论以审判为中心背景下证据裁判原则精神的延展》，载《山东警察学院学报》2017年第29期。

双方非法收集证据。因此，证据必须达到认定事实清楚的证明标准。在当今法律体系中，各类事实材料能否作为被采用的证据在刑事审判中起到关键作用，即证据是否能得到审判机关的采纳，主要有以下两个考量因素：一是证据与证据之间是否具有关联性以及关联性的大小，二是在法律层面上是否具有证据资格。以上两点之间的关系是，只要不是法律规定的证据类型或者明确认定的有证据资格的证据，就应当被排斥，只有和事实相关的材料才可能被接受。在我国，法律规定的认定案件事实的标准并不总是需要具有关联性的证据来组成认定案件事实的标准，而是由审判人员对每个案件的具体事实进行分析后得出裁判结果。因此，证据本身的证明力和证明标准的大小就是证据本身的证明力和因果关系、互相联系的事实情况。对于法律上的采信，法律规定了非法证据的排除规则与合法的证据收集程序和形式，以确保证据具有证据资格。总之，我国通过立法和实践把认定案件事实的证据作为证据裁判原则是实践中的基本要求，只有具有证据资格才能作为认定案件事实的基础。

（四）证据必须经过法庭调查核实

在我国的法律体系中，除特殊法律规定外，裁判时必须依据得到法庭确认的证据，而不能随意使用其他证据。这其实是裁判原则的基本出发点，即审判机关必须基于证据对案件事实进行判断。然而，对于刑事案件，法官有很多种方法考察和采用证据，不同的方法会对采用证据的原则造成不同程度的影响。因此，在讨论采用证据的原则时，解决采用证据方式的问题是首要的。在当代司法制度中，采用证据原则规定的是，采用证据的方式必须是审判机关对证据的理解，也必须是审判机关对证据进行审查的方法。法官对证据的决定原则主要体现在审理机构的限制性上，即审理机构对案件事实的认知必须基于证据。但实际应用中，如何保证审判机关对证据审查和认定的精确性是一个挑战，因为审判机关对案件事实的理解是一个心理过程，是一种很难进行监督或控制的行为。为了解决这个问题，就要求审判机关只能通过在法庭上经过质证的证据来作为认定案件事实的基础，这样审判人员的判断基础就可以限定在法庭上，我们也就可以对审判人员的判断基础进行评估。因此除法律另有规定的特殊情况，无论证据是否与案件事实有关，审判人员只能通过法庭自身的调查来认定。

二、证据裁判原则的历史发展

随着人类社会的不断发展，证据制度也在一步步演变，由早期的神示证据制度、法定证据制度、自由心证证据制度逐渐演变为现代的辩证唯物主义认识论制度。这些转变的最终目标始终围绕着发现事实和揭露真相。纵观制度发展历程，证据裁判始终是诉讼活动的重要一环，并逐渐形成了今天的证据裁判原则。[1]

（一）神示证据制度

在整个证据制度的进化历程中，首度出现的是神示证据制度。这一制度采用神祇宣誓、火烧、水浸、滴血、十字认证和占卜等方式，认定可以借助神的启示来揭示案情的真相，进而以此作为审判案件的依据。那时，由于人们对神祇的敬畏和信仰，视神为法律公理的代表，故人们出于信仰会毫无保留地陈述事实，这在一定程度上是合理的。然而，通过以将当事人投入水中或火中，观察他们是否下沉或灼伤的方式来判断他们陈述的真实性以及他们有无罪行，无疑具有很大的随意性与不人道性。这种不人道与非科学的做法，可以被视为一种愚昧的严刑逼供手段。尽管这个时期出现了证据判定的早期形态，但并未产生具有实质性的证据裁判原则。[2]

（二）法定证据制度

16—18世纪，设立必须由明确法律条文支持的法定证据系统开始盛行。但是，这个系统碍于其预设证据的证明力过于迂腐和刻板，导致审判者已经不把审理案件的全部事实视为关注重点，而转过头来依赖他们自身的主观断定作为衡量证据真实性的标准。当审判者认定的事实与口供提供者的词句存在差异时，他们便会借助严刑峻法来矫正不符的口供。为了获得口供，并搞

---

[1] 徐智超、王娜：《浅析证据裁判原则》，载《西部学刊》2019年第11期。

[2] 元轶：《证据制度循环演进视角下大数据证据的程序规制——以神示证据为切入》，载《政法论坛》2021年第3期。

清楚案情，审判者通过严刑、引诱、欺诈等非常态手法收集的"案情"引发了大批冤假错案，导致案件裁定结果牵强附会。虽然这类证据审理方式从程序上有所进化，不再依赖野蛮的严刑，但它的任意性和主观性让其并未真正塑造出实际有力的证据审判标准。[1]

（三）自由心证证据制度

在自由心证证据制度下，案件的裁决并不总是受到法律约束，而是由审判人员和陪审团成员根据他们个人的道德观和价值观自主决定。审判人员可以依据他们的内心信念，在没有严格的法律规定情况下，依据案件的证据来进行审判。这种方式排除了严格的法定证据制度和依赖刑讯逼供的取证方式，但仍然对证据的审查存在一定的限制，法官需要基于双方当事人的证据辩论和调查程式来确认证据的效力，不能完全根据他们自己的主观判断来做决定。一些学者指出，自由心证为证据裁判主义的建立提供了重要的基础，并对其产生了深远影响。因此，自由心证的推进，使证据裁判达到了新的发展阶段，也对自由心证产生了进一步的限制和规制。[2]

三、证据裁判原则对检察工作的挑战

（一）检察环节对证明标准的规定较为笼统

关于确定证明的准则，人们认为这是法庭关注的最重要问题之一，也是执行证据审判规则的重要环节。在《刑事诉讼法》中，已经对"案件事实清楚，证据确实充分"的证明标准做了详细解释。尽管如此，仍有学者指出，在侦查阶段结束后进入审查起诉、提交公诉和审判阶段，使用统一的证明准则不是很合适，因此他们建议设计分级的证明准则系统。

在刑事定罪的过程中，国家检察机关及诉讼当事人需要按照法律所定的程序与规定，提交证据给审判机关，通过这些证据来阐明争议的事实、证明

---

[1] 熊晓彪：《证据评价的自由与规范法理》，载《中国政法大学学报》2023年第4期。

[2] 肖烨：《完善我国民事诉讼自由心证的路径分析》，载《法制博览》2022年第13期。

诉讼的主旨。这也就意味着，只有这两方有资格进行举证，且其目的是增强审判人员的信服度和对事实的认识。另外，严格的刑事诉讼只会在审判阶段进行，而在侦查、审查、起诉等阶段，尽管也会进行事实查明的行为，但这并非举证行为。因此，举证制度并无等级之分。"排除合理怀疑"是英美法系对刑事证明的一种说法，即法官经过庭审调查和争辩后，对被告的犯罪事实感到无疑问，没有任何一项证据可以用来质疑或符合怀疑的逻辑。"排除合理怀疑"有三个关键定则：首先，它与"证据的真实性和充足性"二者高度关联并显示出这句话在主观上更深层次的含义；其次，确定"合理怀疑"的过程中，应当充分利用公民陪审员，以防其应用偏离公共知晓，并结合中国以往"排除怀疑"的审判经验；最后，要坚定"疑罪从无"的原则，不留任何余地。对于事实不明、证据不全、举证标准不一致或是难以确定的，应依法判断为无罪，表明证据不够，无法确认其犯罪行为。终究，应当在法律实施过程中严格遵守该刑事证据准则，不能降低对事实清晰度的要求。

（二）检察环节的证据收集与审查判断工作薄弱

为了全方位实施证据裁判原则，检察机关需要进一步增强获取、保持、评估以及应用证据的技能。因此，检察阶段应该改进并优化证据审查程式，同时也应该强化对在职务犯罪调查活动和公诉任务中的证据收集和审查评断。[1]

首先，在审判起诉阶段，我们必须坚定地遵守以证据为基础的判决标准，这对侦查机关提出了十分紧迫的要求，必须坚守以证据为中心的理念，改革现有的证据和案件审查方法，以确保审判起诉阶段的所有证据都可以经受时间的考验。就证据审查的方法而言，我们要全面考察所有可能影响定罪量刑的证据类型，以及证据的合法性、客观性和相关性。其次，我们要从过度依赖自供供述转变为以客观证据为基础的集成证据系统，更加重视客观证据在证实和控告犯罪中的关键作用。最后，检察机关需要把程序审查与实质

---

[1] 张建升、张相军、刘广三等：《检察机关如何全面贯彻证据裁判规则》，载《人民检察》2015年第13期。

审查相结合，并确保证据在具有证据资格的基础上，同时又具有真实性、合法性与关联性。如果证据本身存在瑕疵或者缺陷，检察机关应当及时排除，坚决依法拒绝非法证据出现在认定案件事实的过程中。

（三）公诉部门在有效进行非法证据排除时遇到难题

必须对违法证据采取更严厉的措施，才能有效地实施对诉讼规定的全面执行。司法工作中，探索司法机关在平衡违法证据的驳回和证明、证据的评估与认定等相互关系的过程中面临着困难。鉴于检察起诉阶段的驳回程序规定相对模糊，司法机关需要优化非法证据排除规定的程序设计。在处理职务犯罪案件时，司法机关的职务犯罪侦查部门需要采取适当的策略，以促进非法证据排除规定的有力实施。

在进行诉讼审查过程中，检察机关需要负担起对罪行的控诉以及监督的双重职责，这就需要在如何排除非法证据与认定案件事实之间取得平衡，有时也会出现两难的局面。同时，由于各地的检察机关对非法证据排除的基本规定有所差异，尽管采取了很多行动来改变这种局面，但是总体来看这些行动并未达到预期的效果，在审查起诉阶段的检察机关仍面临许多难题：一是对违法证据的查证以及证明其合法性的方法和途径有限，二是对非法证据的审查和处理案件期限之间的冲突日趋明显，三是认定案件事实的效果并不理想。笔者认为，为了解决这些问题，既要层层把关，也要规范看守所的管理和处理行为，重视后期的管控，健全检察机关侦查活动的监督体系，同时还需要统筹处理相关问题，提高认定证据资格的法律效力。首先，在侦查的相关阶段，探索和完善看守所的看押管理机制，在一定程度上实现看押管理职能与侦查职能的分离。对于拷打逼供和非法取证的防御体系需要进一步优化和清晰，定义和规划讯问的地点和时间，逐渐扩大在讯问过程中录音录像的覆盖范围，争取实现讯问过程录音录像全覆盖。研究在讯问的过程中存在辩护律师或者值班律师的制度，确保讯问的过程是合乎法律的。其次，在事后监管的过程中，需要建立和健全检察机关对于大案要案犯罪调查的监管和引导体系，增强在调查过程中的积极参与度，提供证据收集的指导，针对证据收集、案情定性、保全证据、补充和完善证据等提出建设性的建议，对于侦查过程中的违法行为提出纠正意见，保证证据收集的合法性，优化检察机关逮捕起诉的衔接机制。如果从侦查到审查起诉的过程中发现非法证据或疑似非法证据未经认定的，应及时通知检察机关，确保在审查起诉时能够获得准确的判断。完善检察机关对看守所讯问和执法行为的监管制度，推动实施有效的、透明的看守所讯问登记和体检制度。最后，为了提高审判机关认定证据的效率，应充分利用庭前会议解决非法证据的排除问题，针对辩护人在庭上所提及的被告人受到的严刑拷打提供相关线索或证据，公诉人应积极使用全程录音录像、被告人在看守所的体检记录、现场人员的证言和其他证据进行回应。必要的情况下，可以向法庭申请通知侦查人员或者其他人员出庭说明情况。

（四）证人、鉴定人出庭制度有待完善

在执行证据裁决准则的过程中，不仅需要确保所依赖的证据是合格的，还要保障这些证据经过审判机关的审核以及双方当事人的答辩。此外，证人和鉴定人的出庭制度也是一个关键的方面，它保障了证人供述和鉴定观点能够受到双方充分的质询。然而，"将证人是否出庭的最后决定权交给审判机关"的规定仍有待商议。为了更好地执行证人保护制度，我们需要对其程序设计进行进一步细化，并且检察机关在优化证人、鉴定人出庭制度方面，需要发挥积极的作用。

那些出席法庭对供述进行审查的证人和评估专家，不只是证据规则全盘执行的直接反映，也是维护被告言论权利的基本要求。目前，有较少的证人参与法庭审理，这背后涉及许多原因。证人出庭作证时的恐惧或抵触情绪，源自我们现有的证人保护和补偿机制并不健全，这是一个有待解决的重要制度构建问题。所以，对于证人、鉴定人、被害人以及他们的家属存在安全风险的问题，我们需要对证人保护制度进行改良，以采取更多的防护手段。我们将依法严肃处理那些针对证人进行威吓、羞辱、攻击及报复的违法犯罪活动。在处理涉及药物滥用、恐怖主义行为、技术侦查等需要对证人实名保密的案件过程中，我们会设置专门的证人间，确保证人在不暴露真实的面部和

声音信息的情况下为法庭提供供述。我们必须改进证人的资助系统，让财政部门根据法律的要求供应证人援助基金，防止证人因为财政困难而拒绝上庭。笔者认为，目前我们应该集中研究和改进以下几个领域的相关系统和程序：第一，确定需要出庭证明的证人的范围，对于控辩双方关于关键证人的供述争议，应由证人本人亲自出庭解释。第二，需对强制证人出庭的体系作出改进。如果证人在没有合理理由的情况下不参加庭审，检察机关有权向审判机关请求发出"强制证人出庭命令"以迫使证人出庭。第三，可以通过建立远程视频供述系统，向审判机关提出申请，让无法到庭的证人通过在线视频提供供述。第四，应对侦查员出庭作证的体制进行改革。对于侦查人员，如果对案件的解决过程和取证合法性有异议，应请侦查员参加庭审。第五，我们应该改善和执行专家证人出庭的政策。如果经认定的人拒绝出庭作证，他们的鉴定意见将不被承认作为判案的依据。第六，针对证人参加庭审可能导致的审判变量增加、法庭风险增大等情况，也应该改进庭前确证、庭内预防和庭后假证问责等措施，以有效降低作证风险，解答"提交证据"在庭上可能遇到的问题。根据我国的《刑事诉讼法》及相关法律的规定，要求证人出庭作证的主要目的并不是在法庭上陈述供述，而是让审判人员有机会验证供述的真实性，因此，法律也规定了需要满足以上条件的程序性条件，也就是当控方或者辩方有一方或者双方有辩护或者反驳的时候，这个证人的供述才能被认为是经过认证的，并且对定罪量刑有重大影响。[1]

四、检察证据调查实践难题的破解之道

目前，建立以审判为中心的诉讼体系是非常必要的。这不仅提升了刑事诉讼各环节的质效，也使刑事诉讼各个环节更加严格。对于司法系统的三大部门来说，都面临着巨大的困难，特别是检察机关，其影响深远，而公诉部门感受到的压力更为沉重。它们需要转变思维，改进工作方法，提高能力，

---

[1] 张建升、张相军、刘广三等：《检察机关如何全面贯彻证据裁判规则》，载《人民检察》2015年第13期。

以应对新的状况，充分挖掘诉讼筛选、庭审指控、引导公众舆论、保护审前权益的功能，从而形成新的侦查诉讼、审判诉讼、辩护诉讼的关系模式。[1]

（一）完善适用不同案件的证据收集

在司法执行过程中，法律执行者对制定和增强适应不同案情特色的证据采集指南，完善各种类型证据的收集规范具有强烈的需求。出于满足公诉者的紧急需要，为了推动公诉案件处理工作的规范性和细致性，最高人民检察院公诉部门研究出台了《刑事诉讼案件证据审查指导意见》。这份意见对完善证据收集有着重要意义，对公诉案件中的证据类型和审查重点做了概括和规定，试图为公诉部门审查评估证据和引导证据收集提供参考，从而便利公诉机关的实践活动和职务执行。该意见的出台，推动了证据标准在司法执行过程中的更好落地，受到了基层检察机关的欢迎。

笔者认为，我们应该深化对于刑事认证标准体系是否应存在等级这个问题的研究。首先，认证的标准明确了证据必需的程度和品质，这对于法官和负责提供证据的参与方是一种约束和引导。一旦证明标准得以满足，法官便可以作出判决，提供证据的当事人也可以解除责任。由于刑事案件涉及人们的自由、健康以及生命，这几项被法律守护的利益至关重要，因此刑事案件的证明标准通常会被定得比较高。如果由于处于诉讼阶段，就将证明标准定得低一些，可能导致诉讼环节的质量下降，并且有可能在案件到了审判阶段，公诉机关提交的证据无法满足法官的证明标准，从而需要承担举证责任。其次，需要注意的是，我们不能抛弃证明标准制度的统一性，以此预防刑事案件的错误发生。目前推行的"以审判为主导"的诉讼改革目的就在于使整个过程保证全部法律行为的合法性。意思就是在侦查、审查以及起诉阶段，至少要想清楚两点：一是提交的证据在质量和效用上是否能够抵挡法庭审查的质疑，二是是否能够提供足以满足"有力且完全"的证明标准来支持法庭的审案和质证。只有这样，案件的侦查、审查起诉以及审判等整个完整的过程，

[1] 刘建国、张晨：《以审判为中心与证据裁判原则对检察工作的挑战与对策》，载胡卫列等：《以审判为中心与审判工作发展——第十一届国家高级检察官论坛论文集》，中国检察出版社 2015 年版。

才能保证事实证据经得起时间的考验。

在我国《刑事诉讼法》中，"排除合理怀疑"是证据具有证据资格的必要前提，并且检察机关需要花费大量的精力在如何界定合理怀疑这一定义上。只有基于有一定根据的事实所产生的怀疑才被视为合理怀疑，那些毫无事实根据的猜测或推断不在此列。这种基础应该是来自控方或被告方的证据的矛盾和缺乏，既包括常见的社会生活中的"合理"标准，也包括与事实的客观法则结合而推导出的"合理"标准。为了更好地满足"排除合理怀疑"的要求，检察机关可以采取以下步骤：首先，可以深入了解不同案由的案件中每种证据的主要信息，通过对这些案件的掌握，来认定证据是否具有证据资格或者是否应当被排除；其次，可以通过汇总案例库、编制排除合理怀疑方法等更为便捷和实用的方式，给出对证据认定的建设性建议，以引导检察官对证据之间的联系和"需要证实的事实一致"的判断；再次，可以概括案件处理的经验，通过对整个案件的事实和证据流程的梳理，制定出定罪量刑的参考与规则；最后，可以研究典型案例与实务经验的关系，总结因证据不充分而被判无罪的典型案例，作为示范案例，开展全面审查和证据分析的高级实战课程。

（二）全面提升证据收集与审查工作

在案件审查的策略上，有必要从仅仅依赖书面审查的方式变革为书面审查与实地审查并行的策略，这有助于全面把握和发掘证明罪行、重大罪行、无罪以及未成年人犯罪的书面证据。同时，审查方式也要从封闭类型向开放类型过渡，严格实施对犯罪嫌疑人的审讯和咨询律师意见的机制，并以法律规定的方式记录犯罪嫌疑人的音频、视频，尽量收集各方的意见，使审查和起诉的过程具有更高的参与度。尤其是最高人民检察院的相关规则必须被严格遵守，审查和起诉过程中的征询律师意见的工作需要丰富起来，以确保律师在工作的过程中，发挥其应有的作用，如律师在案件事实的理解上、防止冤假错案上和保障程序公正等方面的积极作用。我们必须在诉讼的每个环节都能做到平等与尊重，建立新型的辩诉关系。虽然在庭审过程中，检察官和律师各司其职，但他们所追求的正义的愿景始终是一致的。我们必须全力保障律师按法律行使权力的自由，尊重他们进行面谈、审查文件和采集证据的权利，不允许设置任何不必要的阻碍。我们必须重视律师对案件的事实和证据的观点。在处理案件的过程中，必须保持冷静，避免高人一等的态度，形成压迫的环境，绝不能对律师有任何敌意，而是要以尊重对方为基础，进行平等的辩论。我们需要研究并设立认罪、指控、辩护和量刑的协商制度以及审前会议制度，同时完善加强与律师的沟通和协作，使辩论不引发对立。在处于中心位置的审判制度下，检察机关必须遵守证据裁定的原则，充分发挥公诉机关的关键作用，按照"强有力的刑事指控、有成效的诉讼监督、成功的社会治理"这一总体目标，积极塑造新型的侦查、起诉审判和起诉辩护关系，防止出现不公平的现象，以杜绝错误判决为原则，不断提高严格、公平和文明执法的能力。主张每一个人在每一个法律案件中都能感受到公正和公平。检察机关要全面落实证据裁判规则，必须进一步转变观念，加快转变证据审查模式，弱化供词在案件侦查中的决定性作用，重视客观证据审查模式，以客观证据审查为出发点。

在大范围的视角下，检察机关对于证据审查方法的优化和提升可以从两个方面进行：一是证据审查方式的变动。全方位落实证据裁决原则，在对证据进行研究和决断时，首先要对证据的可信度进行初步评估，确认证据是否符合标准，处理证据是否可信；在初步认证之后，再进行权力审查，确定已经被审查的证据是否具有证据资格。二是审查角度的扩展。由仅仅审查犯罪证据向同时考量清白证据转变。

在职务类型犯罪的侦查工作中，要加快工作进度并取得进展，由"从证言到证据"向"从证言到供词、证言相结合"转变。"供词至证言"的侦查模式对供词的依赖过重，在确定案情时可能会产生不合法证据，或者证据收集不全，对供词的回翻可能造成负面影响。而"证据至供述"的侦查流程让警方优先考虑其他证据，包括有形和无形信息，偏重用侦查策略和审讯技巧促使有罪供述，供述在整个证据体系中需要进行公正的审验和合适的利用。这样的侦查方法降低了对于口供的依赖性，极大地增强了证据的稳定性和客观性。使用这种模式需要注意：首先，要保证调查取证的流程完整和井然有序，根据侦查的全局和案件的进展密切调整侦查计划，从整体性和系统性方面保证侦查取证的完备；其次，与嫌疑人接触的时机要慎重，接触前获取的证据要达到一定的质量标准，接触后，即使得到有罪供述，也要积极追寻其他证据，通过其他证据或口供的加强和互相确认，确凿地确认犯罪事实；最后，证据的形式和收集方式需符合法律要求。

在刑事案件中，收集证据、证明事实以及应用知识所需的标准必定要达到更高的程度。无论是在侦查阶段还是检察阶段，都需严格遵照法庭规定的步骤进行操作。定案的剖析应遵循审判过程。在我国现行司法体系下，侦查部门需要深入和全方位查明案件真相，而检方及审判机关的任务则是就侦查部门的成果进行细化和优化。当前对侦查阶段的过度依赖，往往使得证据收集和认定过程存在独立和阶段性的问题，特别是在嫌疑人被抓获、案件进入审查和起诉阶段以后，视任务为已完成并对侦查部门在收集和完善证据方面的要求应付过去甚至漠视。然而，随着审判中心主义的形成，庭审环节将被迫对证据的质量提出更高的要求，从而承受更大压力。检察机关应借助诉讼主导的地位，积极指导侦查机关进行调查和收集证据，将法庭环节的压力逐级转嫁给侦查环节，以便提高案件的治理水平。检察机关应该尽早地介入，对于那些复杂、重大或公众高度关注的案件，公诉人应在合适的时机参与调查过程。基于法庭审判的需要，公诉人需积极监督调查员满足审判证据需求进行证据收集和完善。

裁判文书将会成为判决裁定过程中的关键部分，这对传统的审判方式必然会造成巨大的影响。审判机关在审理案件的过程中，更加注重对案件事实的审查和判断。确立新的审控关系应关注三个核心环节：一要实行审判前筛选的责任。公诉部门在审查界定过程中，必须确保程序和法律正确施用，尤其在评定证据过程中，应对其客观性、相关性和合法性进行全面评估，任何存在问题的证据都应在审判开始之前排除，以防止在法庭上造成不良影响。对于不满足起诉标准的案件应进行预审筛选，避免有事实含糊、证据缺乏、过程违法等问题的案件进入审判阶段。二要促进科学分类的创建，完善多元化的办案手段。集中在审判诉讼制度改革上，要求扩大检察机关的起诉权力，加强其审前调解能力，这将对检察机关起诉阶段的作用和工作模式产生深远影响。处理重大案件时，应参照"事实决定满足客观真实性，案件结果满足实体公平性，案件流程满足程序公平性"的标准。对于承认有罪的犯罪嫌人和被告人的案件，应主动尝试快速处理机制，进行复杂案件和简单案件的区分，遵循小案快办、大案精办的原则，以确保案件处理的整体质量和效率。三要提高检察官审判指控的能力。以法庭裁决为核心，标志着审判对抗和证据制度的逐步强化，这使得审判成为定罪量刑和惩罚犯罪的决定因素，所有法官都需依赖来自公开法庭质证的证据。与传统的起诉审理——主要围绕对案件文件的研究，相对封闭、缓慢——相比，致力于审判的模式下，则具有明显的开放性，强烈的对立性和伴随的过程中存在的变量更为明显。另外，检察官需要更好地应对在法庭上的实证调查、在法庭上的定罪和刑事辩护，以及在法庭上的裁决结果生成等各个环节，以增强其在法庭上提出罪行指控的能力。由于案件的真相需要在法庭调查阶段揭露，检察官不仅需要具备审判的思维模式，也需要具备积极调查的思维模式，以提升其陈述证据和质询证据的能力，从而能在法庭上进行全方位的证据整合。

（三）在收集证据等步骤中应用非法证据排除的制度

在执行非法证据排除规则的过程中，检察机关可以采取三种方式，分别是主动排除、配合审查和接受审查。正因为这种多元化的角色，检察机关在执行非法证据排除规则时，在复杂的角色关系中会承担更为重要的责任。在完善审查起诉阶段非法证据排除流程与规则时，应关注以下要点：首先是开始排除程序。如果检察机关发现疑似非法方式取得的证据，可以依据职权进行排除。同样地，对于当事人或其辩护律师的排除请求，可以调查相关证据或提示，然后进行排除或者采用。其次是查证证据的合法性。对于非法证据的判定，检察机关需要根据具体状况采取措施：决定是否需要剔除并需增补关联证据、进行修正，或是基于情况决定，关于未直接剔除需要重新生成或转换的相关证据，应及时告知侦查部门；若侦查部门对查验、剔除的意见持有异议，可以向公诉部门申请复议；对于已经确认满足法定剔除标准且已经通过相关审批程序确认剔除意见的非法证据，检察机关应在审查起诉阶段坚决剔除。

对于非法证据排除规则的实施，主要在处理证据收集和证据审核等相关流程时显现出来。实际运用这一规则在法律实践环境中主要面对两大问题，一是如何深化对于违法证据和可矫正证据界限的理解；二是如何明确违法方式与正当侦查方法及策略的差异，特别是关于以欺骗和诱导方式获得的口供作为违法证据的判断准则。为了能更好地运用非法证据排除规则，负责职务犯罪侦查的相关部门应当加强以下几点工作：第一，在实施侦查活动的各个环节严格实施同步录音录像，并保证录音录像内容的完整性，不能出现剪辑音视频的情况，并且将该项机制适用于犯罪嫌疑人及证人和鉴定人等。第二，切实对律师实时保护，保护其在工作过程中的诉讼权益和相关权利。第三，强化审核证据的完善性，由专门的公诉人员在侦查活动结束之前，负责全面审核侦查过程和证据是否具有证据资格，确保交给公诉机关的用以起诉的证据具有证据资格。第四，设立侦查员出庭机制，回答律师关于证据收集程序和手段的问题与质疑。

（四）完善证人、鉴定人出庭作证制度的相关规定

在证言的审查问题上，审判机关握有主控权，因此，若审判机关有权力认定证人是否需亲自上法庭，这样的安排对照我国当前的司法环境是适合的。关于完善证人和鉴定人出庭的相关制度，公诉机关可以针对以下几个重点采取措施：首先，积极鼓励证人和鉴定人出庭。应当弘扬该制度在引导证据判决规则中的核心地位，并把这种思想带给侦查部门和审理部门。其次，推进落实证人和鉴定人的出庭补偿制度。对于证人和鉴定人的出庭补偿制度，可参照所在城市工资标准或者公职人员出差补助等标准，来确定证人和鉴定人的出庭补偿数额。再次，庭审过程最大限度运用远程视频等方式。虽然证人和鉴定人可能由于各种原因无法亲自出庭，但在科技迅猛发展的今天，利用网络采用远程视频等方式已经得到了法律和司法解释的认可。在这个基础上，可灵活制定证据质疑流程，增强新技术在庭审中的使用，以保证证人和鉴定人能顺畅应对质询。最后，加强保护证人和鉴定人的机制。让审判机关自行确定证人是否需要亲自出庭，这是合乎情理的，但这个机制还需要持续地改进。在审判机关作出是否需要证人出庭的决定的同时，应当设置救济程序以保障控辩双方的合法权益，比如复议权的提议。从长远来看，应该对法律程序系列化，并将证人在庭上的出庭作为常规操作。在这个视野下，未

来司法的主要关注点应当是确定在哪些情况下不要求证人出庭，而非确定在哪些情况下必须要求证人出庭。建立和改进关于证人、鉴定人的出庭制度是法律领域需要关注及解决的关键任务。为此，在审理阶段执行中，公诉人应当达成以下几个目标：第一，在刑事预审阶段，应与关键的证人、鉴定人进行面对面交谈，对重要信息进行深层检查；第二，在预审会议中，应当积极发表观点，以提升证人和鉴定人的出庭频率；第三，精通和有效利用证据的查验与确认规则，增强对比问询的技巧，累积必要的专业知识，从而在庭审中提出针对性的问题并进行质疑；第四，在面对庭审供述变动时，应保持理智，以是否有合理解释、是否有相关证据支撑为中心，组织提问并发表意见，并对此进行适当的处理。

我们回溯了证据裁判原则的演变过程，深入研究了其定义和基本内容，从而得出了处理证据的准则。证据裁判原则的作用在于协助司法机关判断案件真相，更深远的价值体现为限制起诉权，维护被告的诉讼权和人权，避免法官滥用职权，维护司法公正。目前对于证据裁判原则，立法尚无明确的规定。无论是从理论认知还是从实践应用角度看，它都存在很多争议，需要进一步深入研究。

第二章

检察环节证据合法性证明方法

《刑事诉讼法》第 56 条、第 57 条和《最高人民法院关于适用〈中华人民共和国刑事诉讼法〉的解释》第 74 条都明确认定，只有在满足特定的条件时，才能启动证据和口供是否具有合法性的调查，也只有在此情况下，检察机关才需要提供证据证明口供和证据的合法性，其余情况默认为全部合法。

这种复杂的角色和职能，不仅确保了证据具有证据资格，也能保证证据能被审判机关接受并作为定罪量刑的依据。而且，这种复杂的角色和职能，保证了侦查部门侦查过程的公正性，也在一定程度上维护了侦查机关的权威，消除了公众对侦查部门的怀疑。[1]

证据的合法性验证手段在检察机关中具有深厚的价值内涵，这主要表现在以下三个层面：

第一，突破非法证据排除困境。经实践研究表明，非法证据排除难已是实践过程中极为常见的现象。实施非法证据排除在实际操作中的难度，其原因在于排除的范围过窄，调查证据的合法性不确定，排除证据的责任划分不清晰，没有清晰明确的证明标准，被告人体检等情况律师没有在场的权利，入监入看守所等体检流于形式，录音录像系统的缺乏等诸多方面。解决以上任何一个或者几个问题，都可起到缓解非法证据排除难的作用。因此，需要

---

[1] 钟明亮：《论检察机关对证据合法性的证明方法》，西南政法大学 2018 年硕士学位论文，第 9 页。

花费更多的精力用于证据合法性证明方法这一极其复杂的法律问题。研究和制定出有效的证据合法性证明方法，对于促进责任证明的实施，统一和规范证明标准，激发证据合法性调查的活力，使非法证据排除更加规范和透明，具有重要意义。

第二，促进实体公正。实体公正，这是一个在刑事诉讼过程中特有的概念，它代表着罪行的认定和刑罚的决定都应当与案件的真实情况及其对应事实保持一致。如果法庭审理的案件事实有误，那将必然引发错误的判决或不合适的处罚，甚至会破坏司法公正。我国过去存在刑事冤假错案，其中一个重要原因就是，侦查机构通过施加强压、使用非法手段来获得供述。通常这种供述采集方法已破坏了供述自愿提供的本质，从而使供述的准确性受到质疑。当我们工作在"以供述为主导"的案件处理模式中，有可能导致被告人的虚假供述引起一系列的反向效应，从而衍生出更多假的证据。由这些虚假的证明和伪造的证据组成的证据体系，在外观上看起来似乎真实，但实际上有很多破绽，最终产生了误判。核实证据的合法性是一个关键步骤，确保了供述的准确性。只要法庭开始这个程序，审查部门就应该承担证实责任，以证实供述获取过程的合法性。一旦调查机构的证明手段过度依赖形式，就可能损害证据合法性检查过程中的过滤作用，导致虚假供述成为定罪和判决的根据，从而引发冤案、错案和误判的情况。与犯罪嫌疑人供述同样重要的物证、书证及证人证言等的获取以及程序是否合法，对案件的最终结果都会产生重大影响。在实践中，无论是犯罪嫌疑人供述，还是物证、书证取证过程存在争议的，往往是这些案件的重要证据，那么也会影响案件的最终判决结果。

第三，实现程序公正。程序公正不只是一个清晰明了的流程，也不仅是实体最终的公平正义的辅助，还是实现司法公平正义的不可或缺的一部分。实现程序公正，并不是一般意义上的程序一步不缺、法定动作一个不少。在我国，寻找和收集证据的合法方式与传统判断和确认犯罪的方式存在区别，更加重视侦查机关收集证据过程的法律合规。从这个方面看，寻找证据的合法程序突出了程序公正的价值。另外，不合法证据的排除有具体和流程两部分规定，具体的规定主要涵盖了非法证据的明确边界，流程的规定主要包括详细的操作步骤。司法部门对证据合法性的证明方法，既是如何核实证据合法性的问题，也是一个具体的操作步骤。如何要求司法部门出示证据、证明等的方式，就是对流程规则的一种提升，也是程序公正的表现。

一、检察证据合法性证明方法的实践探索

在探查证据合法性的流程中，检察机关对常见的证据类型如口供、物证、书证和证人证言等，采取具有独特性质的证明手段。该部分将借由一些实际案例进行说明，这些案例来自四个主要渠道：首先是受到社会广泛关注的经典案例，其次是近年在裁判文书网上公示的具有典型意义的裁判文书，再次是最高人民法院刑事审判第二庭所编写的《刑事审判参考》中公布的比较具有代表性的案例，最后是实践部门收录的法庭判决文书和庭审记录。在这些案例中，涉及证据合法性争议的案件并不多见。这或许从一定程度上显示，在排除非法证据中，往往注重犯罪嫌疑人供述的排除，却对物证、书证和证人证言等证据疏于考虑。

实践案例一：章某锡贪污案。[1] 在该案中，为了证实章某锡在调查阶段被逼有罪供述，辩护律师请求审判机关介入，要求排除所谓的犯罪自认，并动员审判机关前往拘留所获取健康记录。律师的理由是，章某锡在调查期间被严重折磨和逼供。为了进一步证实自己的观点，辩护团队提交了章某锡个人编写的《冤情公开》、《我的审讯体验及内心感受》和《我在拘留所的日子》等文章。这些材料确切地表明了他在何地、何时以及因何人承受了严重的折磨和逼供。法庭获得的章某锡在 2010 年 7 月 28 日的拘留所检查记录显示，他的右手臂出现了少量皮下出血，皮肤表面有 2cm 长的擦伤。由于一审和二审时，检察官采用的证明手段不同，因此两次法庭的判决结果相差较大。在

---

[1] 钟明亮：《论检察机关对证据合法性的证明方法》，西南政法大学 2018 年硕士学位论文，第 12 页。

一审时，检察官评审室读出章某锡《我自己的陈述》等书面资料，同时播放了章某锡与调查人员讨论犯罪行为的视频，并提交了公安部门出具的"依法文明办案，未曾迫使他作出犯罪供述违法行为"的声明。

实践案例二：程某捷职务侵占案。[1] 在这个案例中，辩护律师向审判机关提出排除在调查阶段自首的可能性，并要求对被告人受伤情况进行评估。有关部门对程某捷的伤情安排了法医进行检查，检查被告人是否因为受到执法人员的酷刑，导致脚趾受伤。法医的鉴定意见表明左脚大脚趾软组织受到了损伤，但不能确定具体受伤时间，也不能确定伤害是否由刑讯逼供引起。检察方的证明计划包括以下几点：第一，展示程某捷入狱时的身体检查记录，以此证明其身体表面无显著伤病痕迹；第二，播放程某捷被审讯时的录音录像片段，并未播放审讯时的录音录像全过程，以此来证明执法人员并未对被告人进行非法取证；第三，提交调查人员的书面陈述，该陈述表明，在讯问被告人的过程中，完全不存在刑讯逼供的行为；第四，对法医的鉴定意见，公诉机关回应，虽然法医鉴定的结果是被告人左脚大脚趾受伤时间不明，但不能确定具体受伤时间意味着并不能排除在讯问过程中受伤的可能性。所以，根据法医的鉴定结论，不能完全否定刑讯逼供的可能性。法庭决定排除程某捷的自首供述，原因是存在由非法程序导致冤狱的可能。

实践案例三：廖某谋杀案。在这个案件中，一审法院判定廖某有罪，刑期为 12 年。然而，廖某对判决表示异议并提出上诉，请求二审法院去除认罪的言论，原因是他在警方的调查过程中遭受了刑讯逼供，并且在进入看守所的时候，他的身上和头部都有伤痕。在二审期间，公诉机关提交的证据材料如下：进入看守所时医院出具的内容为健康的被告人的体检报告，证实廖某的身体在进入看守所之前并没有受伤；提交侦查机关的证明，确认廖某身上的伤是因为撞墙和挣扎而由手铐导致的；看守所的身体检查报告，证实他没有任何身体伤害；检察机关的证明，证明讯问过程是合规的。针对这些证据，法庭决定排除相关证据，原因是检察机关未能提供更有力的证据，如同步录音录像等；侦查机关和公诉机关的证明并没有其他证据予以佐证，医院出具

---

[1] 钟明亮：《论检察机关对证据合法性的证明方法》，西南政法大学 2018 年硕士学位论文，第 13 页。

的身体情况为健康的报告也是在进入看守所之前进行的，并不能证明进入看守所之后的情况。另外，虽然有情况说明能证明廖某身上有伤，但是看守所的体检报告并没有显示伤痕，而且没有医生的签名，所以该情况说明的证明效力也是很微弱的。此外，从 2015 年 1 月 1 日至 2016 年 8 月 31 日，笔者在中国裁决文书网上搜寻了有关执法机关暴力取证的刑事判决书。经过排除重复且意义模糊或无意义的，最后找出了对本书有研究价值的裁判文书共达 89 份。这 89 份裁判文书的源头为部分检察机关，不仅涵盖了县级检察机关，也包含了市级的检察机关。这些裁判文书清楚地阐述了检察机关如何论证犯罪嫌疑人供述不是因侦查机关通过非法方式取得的。比如，在部分刑事裁判文书中，完整详细地论述了侦查机关的取证过程。

二、检察证据合法性证明方法的现实困境

（一）实践总结

根据以上案例及实践中事实的概述，公诉机关证明证据合法性的方式主要有以下几种，即对言词证据、物证、书证、证人证言合法性的证明方式，这几种证明方法虽然未涵盖所有实际情况，但都是实践中经常出现的。对这几种证据类型的证明方式既有共性，也有一定的差异。它们之间的相似之处体现在：首先，提供看守所出具的情况说明、播放在看守所讯问过程的录音录像、侦查人员出庭接受询问等，这些材料既可以用于证明犯罪嫌疑人供述取证过程的合法性，也可以用于证明物证、书证、证人证言等证据材料的合法性。其次，在实践中，公诉机关往往使用间接证据来证明起诉证据的合法性，较少掌握直接证据来证明取证过程的合法性。间接证据可以理解为需要其他事实材料予以佐证的、不能单独证明争议事实全过程的证据。例如，入所或者入监体检记录或者其他相关的医疗证明，只能反映被告人入监入所前的身体状况，而不能反映调查人员取证的整个过程是否合法。

对不同证据合法性的怀疑往往在证明指控的策略上有所不同。即使在同样的案件中，当指控和证据的合法性受到质疑时，检察官的证明方法也不完全相同。这些差异反映在这样一个事实上，特别是检方提供的证据具有证明

口头陈述、经验证据、书证和证人陈述有效性等特征，如认罪程序的合法性。

（二）存在的问题

检察机关对证据合法性的证明方法存在多种可能性，经过对以上实践案例的分析，可能存在以下两个方面的问题：

1. 证据材料存在的问题

一是录音录像存在的问题。同步录音录像可以记录侦查机关取证的整个过程。一般来说，如果调查机构同步记录整个取证过程，审判机关可以通过提交记录来大致确定取证过程是否合法。可以说，取证的整个过程是通过严格的程序记录下来的，是通过录音录像记录下来的，这是检察官能够接受的最令人信服的证明方法。然而，在实践中，检察官提供的录音录像并不是那么完美。例如，部分音视频资料只是副本而非原始文件；有些素材的画面模糊，音频质量差，还有些经过剪辑内容不全，无法展现整个取证过程。

二是问题的根源在于利用情况说明的方式。尽管在 2021 年，最高人民法院对《刑事诉讼法》的第 74 条和第 75 条作出了一些约束性规定，但在实际实施过程中，仍然存在大量没有侦查人员签署的情况说明，检察机关以此没有侦查人员签名的情况说明来证明取证程序合法。甚至在实践中，审判机关有认可这类情况说明的先例。另外，实践中出现了情况说明等材料泛滥的情况，此类情况原因复杂。比如，当检察机关上交由公安部门编写的，解释为何未能录制审讯过程的视频和音频的报告时，审判部门在大多数情况下都会接受。当检察机关提交自己无法收集相关证据的报告时，审判部门也会同样认可。而侦查员以提交报告的方式取代亲自到庭作证的情况更是屡见不鲜。

三是看守所出具的身体检查证明材料存在的问题。为了证实被告的供词并非侦查机关通过暴力手段获得，部分检方递交了看守所对被告人的身体检查结果作为证据至审判机关。该证据主要存在以下问题：第一，侦查材料没有侦查人员签名，在情况说明中签名的人并非实际参与侦查的人员，最终导致情况说明等材料上的侦查人员签名与实际情况不符，给审判工作增加了难度，导致审判机关不仅要审理事实，还要对证据合法性进行审查。第二，提交的带有被告人的笔迹的证据材料真伪不明。在陈某浩故意谋杀一案中，检察机关向审判机关提交了看守所签字的陈某浩后续体检表。但陈某浩声称，他没有在核实表上签名，司法鉴定结果显示，笔迹确实不是陈某浩本人。第三，拘留中心的体检只是流于形式，大大削弱了证据的证明力。

2. 举证方式存在的问题

（1）侦查人员或者其他相关人员出庭作证的效果并不理想。主要存在两个问题：一是参与率低。一般来说，检察官要求调查人员或其他工作人员出庭作证以证明调查机构取证过程合法性的案件相对较少；他们主要提供书面解释，并不采用要求侦查人员强制出庭的形式，也不能在法庭上接受询问和质证，导致证明力度大大减弱。二是侦查人员等出庭流于形式。即使在少数情况下，侦查人员出庭作证并接受询问，他们也并不承认任何取证过程不合法的行为，这种情况在实践中非常常见。由于我国目前的质证制度不完善，尚且没有关于质证制度方面的细致的规定，所以检察官和侦查人员在法庭上的质证制度还不成熟。

（2）尽管检察机关提出了由公安部门负责情况通报，但其只阐明了部分伤势产生的原理，对于其他伤势的形成过程并未作出解答。在某案件中，辩护方认为检察机关提供的资料不够全面，如音频和视频资料并未记录取证全过程等，所以不能将上述音频或者视频作为确认取证过程合法的证据。

（3）存在许多缺乏个人证据和支持材料的现象。为了便于讨论，笔者将此处的"孤立证据"一词理解为具有法律争议的其他证据。例如，侦查机关的录音和录像以及进入看守所的医疗记录。此外，检察机关提供的其他证据证明取证过程的合法性。根据案件分析，经常发生的事件包括仅对情况进行描述，或仅出示录音和录像，或仅通知调查人员出庭以澄清证据的法律性质。虽然法律没有禁止，但并不能说明这种情况合理合法。这种做法也将导致一系列情况的发生，比如公诉机关对取证的证据能力有所质疑并举证证明，且没有其他证据支持。在执行任务过程中，因案件的批捕率会对公安部门的业绩考核产生影响，所以他们更加关心检察机关是否同意逮捕涉嫌犯罪的人。在检察官同意对嫌疑人提起公诉之前，侦查机关的责任终止。

三、检察证据合法性证明方法的完善建议

（一）完善立法规定

通过司法解释、最高人民法院意见等文件对《刑事诉讼法》的有关规定进行完善时，具体可从以下几个方面落实：

1. 明确有关人员无正当理由拒不出庭作证的惩罚性后果

当法庭对证据的合法性展开调查时，调查人员应出庭解释证据的合法性，并与被告人进行当面对质、质证，用互相陈述反驳对方观点的形式，增强庭审的对抗性，更加有力地保证庭审质量。提出这种具有惩罚性后果的证明方法，主要出于多方面的考虑：首先，调查人员是证据收集过程的直接参与者，对整个证据收集过程有最彻底、最清楚充分的了解。其次，调查人员的言行与职业特点更加有助于发现真相，并促进审判人员在法庭上作出公正的裁决。虽然大多数调查人员在法庭上明确否认取证过程存在非法或者不合理行为，但是审判人员可以通过他们在陈述过程中的言行，对其进行发问、质证、询问细节等，综合判断分析其陈述的真伪，更清楚地了解取证过程是否合法；出庭解释证据合法性的调查人员再次推动了诉讼法的执行。调查人员的一举一动都代表着侦查机关的形象。

若特殊情况已解除且证据合法审查步骤未完结，侦查人员还需继续出庭。另外，假如相关人员无合理理由拒绝到场，则需承受相应的惩罚。首先，在侦查人员无合理理由拒绝出庭的案件中，法庭有权：直接否决由侦查人员提供的《事实陈述》作为证据；直接推断相关证据的获取过程违法；将侦查人员无故缺席的行为通报其所在单位，强制单位制定相应的奖惩制度，将侦查人员无故缺席纳入其评优评先等评定中。其次，制定相应的政策支持侦查人员出庭制度，将侦查人员无故缺席的行为通知单位后，责令所在单位通知其再次出庭，对再次无正当理由未出庭的侦查人员所侦查的证据、犯罪嫌疑人供述等，采取负面采信方式。

2. 检察机关提供的证明取证过程合法的证据材料须由其他证据佐证

这种情况对检察机关的证明过程提出了更高的要求，检察机关不能仅提

供单个的传来证据或者间接证据来证明侦查机关取证程序合法。在证明证据合法的流程中，由检察机关呈现的直接或间接证据主要包括：取证过程的音视频副本、法庭公开阅读的书面供述记录、医生对被告的健康状态的诊断报告、侦查人员提供的《情形说明》以及看守所出具的有无体表受伤的证明文件等。由于单个传来证据或者间接证据的证明力弱，无法形成完整的证据链条，检察机关仅提供单个的证据，而没有形成完整的证据链条或者无其他证据佐证，难以排除侦查机关非法取证的可能性，难以说服法官作出公正的裁决。因此，检察机关应当提供录音录像等证据材料以外的证据来证明取证过程的合法性，如带有辩护律师在场并签字确认的讯问过程合法的证明材料。

3.应该强化检察机关的证明责任

如果检察官使用的证明方法或者证明的事实与所涉争议没有实质联系，则直接认定其并无证明效力。制定这种规则的主要目的是避免检察机关使用不适当的证明方法，并明确这种证明方法的适当性。比如，当审查证据的合法性时，如果被告方提供了证据显示检察官已拥有问讯的音频和视频，并要求检察官出示，那么一旦检察官拒绝展示，法庭就有理由推断这些音频和视频的存在，并将其用作证明侦查程序不合法的依据。

4.梳理和明确检察机关如何在合法的前提下证实口供、物证、书证以及证人证言的证明途径

相应的法律应该更加明确地规定：在查验证据合法性的过程中，公诉部门能够呈现被告人在拘留所进行体检的相关证据、医师的诊断证书、同被告人共同关押的狱友的口供，以及监狱看守人员的供述等以证明采证的合规性；能够提供证人的供述来证明实物证据和书面证据收集过程的合法性，对采证过程中的缺陷进行修正或提供合理的解释，并且需要提供证据来表明取证过程没有受到干扰，公正司法的每一个环节都没有受到干扰；禁止以"重新取证"等方式来替代原本的证人供述收集过程，以此来说明或者掩盖原有的收集过程的不合法性。

（二）完善相关配套措施

1. 改进录音录像制度

检察机关为证明证据合法会提供录音录像等，然而实践中，这些录音录像往往存在许多问题，如图像与音质不清、录像过程不完整、视频有删改、视频被人为修改等。为了解决上述问题，发挥出录音录像的价值，有必要对录音录像制度进行改进。首先，应当依据相应的规定，明确录音录像规范化的具体细节。根据最高人民法院《关于全面推进以审判为中心的刑事诉讼制度的实施意见》第24条第2项要点，要求公诉机关提供的口供、实物证据、文件认证和证人陈述在采集过程中必须合法。同时，所提供的音视频资料不能进行挑选性的录制、剪接或删改等操作。如有此类行为，法庭有资格排除相应证据。其次，公诉机关提供的音视频展示资料的信息应和书面记录等证据材料的内容保持一致。如果录音录像与讯问笔录、《情况说明》等证据材料记载的内容不同，应当说明不一致的原因，并以录音录像为认定取证过程是否合法的依据。最后，扩大侦查机关应当全程进行录音录像的范围，包括但不限于对物证、书证等证据的取证过程，并制定出相应的惩罚性措施。依照《刑事诉讼法》第121条第1款的规定，有可能被判定为无期徒刑、死刑或者其他重型犯罪罪名的案件。在侦查人员收集到实质性证据、书面证明以及证人供述时，均须进行声音和影像的记录。如果法律对录音和录像有所要求，按照最高人民法院发布的《关于全面推进以审判为中心的刑事诉讼制度改革的实施意见》第24条第2款的规定，如果公诉人没有提供质询的录音和录像，或者质询的录音和录像出现选择性的录制、剪接、删改等情况，而且现有的证据无法证明证据获得的合法性，那么对应的供述应当被排除。

2. 优化犯罪嫌疑人被收入看守所前的健康检测系统

进拘留所之前的身体健康检查提供了被拘留者是否受到刑讯逼供的依据，能有效地阻止侦查部门的非法取证行为。如果入所前的健康检查未能按规定进行，监狱对侦查部门的控制能力便会降低。为了解决上述问题，发挥入所前独立医疗机构检查的作用，可从以下几个方面加以完善：第一，规范看守所和监狱的体检程序，增加体检项目，杜绝体检流于形式。对犯罪嫌人的体检，采用先后由两名医务人员进行的方式，并分别签字，确保体检结论的一致性。医务人员在对入监入所的犯罪嫌疑人进行体检时，既应当检查其体表，也应当给犯罪嫌疑人做常规的内科检查。第二，改进看守所医疗系统的体检设备，在常规内外科检查上具备公立二甲以上医院的水平，切实遏制设备落后导致体检结果有偏差的现象。第三，探索建立中立的体检机构。比如，让所在地区权威公立医院在看守所入驻常规科室，并具备与本院相同的体检水平，侦查人员在将犯罪嫌疑人送看守所羁押之前，可以先到中立体检机构接受体检，并在体检前通知犯罪嫌疑人的近亲属和辩护律师，告知犯罪嫌疑人的律师可以全程在场，并将体检结果第一时间告知犯罪嫌疑人的近亲属和律师。

3. 重视检察机关于庭审前主动排除非法证据的作用

根据《刑事诉讼法》第 8 条、第 54 条第 2 款及第 55 条的规定，检察机关在案件侦查、审查逮捕和审查起诉阶段均负有对证据合法性进行核查的职责。检察机关当庭核实证据合法性，积极排除非法证据。这不仅可以监督侦查机关依法文明办案，也缓解了审判机关启动证据合法性调查程序所带来的压力。尽快排除非法证据，无疑是检察机关的明智选择。具体来说，可以从以下几个方面来实施：一是检察机关在观念上要重视对庭前证据合法性的验证作用。在案件侦查终结前，检察机关在审查批准逮捕和起诉过程中，不仅需要核实和确定与犯罪、刑罚有关的证据是否真实、充分，也需要确认调查机构收集证据的过程是否依法进行。在侦查结束之前，检察机关必须确认证据的合法性，并对询问过程进行录音录像。询问的对象主要是犯罪嫌疑人。所以，假若涉案人员在调查结束之前确定表明在调查期间并没有非法获取证据的情况，在庭审阶段再次提出申请排除非法证据，而审判机关对于证据获取过程的合法性不存在疑虑，则有权拒绝此项申请。

4. 强化侦查机关的协助举证义务

在审理案件的过程中，检察机关有权要求调查部门提供必需的法庭证据，若检察机关怀疑存在非法收集证据的可能，可以要求调查部门对证据收集的合规性给予解释。检察机关可进一步请求调查部门继续进行补充调查，在两次补充调查后如仍认为证据不满足条件，检察机关有权作出不起诉的决定。因此，调查部门在庭审前需对证据的合规性负责并提供说明。调查部门也应在证据合规性的调查过程中协助提供证据。尽管在证据合规性的调查过程中检察机关承担证明责任，但调查部门实际上是真正的"受审方"，而检察机关仅是"受审方"的"辩护方"。证据合规性的调查过程是为了解决调查部门取证操作是否合法的问题。因此，侦查部门应协助检察机关在审查证据的一致性时取证和出示证据，不应采取消极态度。可以增加辅助规则，以加强调查机构提供证据的义务：是否存在非法取证行为，可以作为调查人员评优评先与绩效考核的重要指标；如果审判机关认定调查人员的取证程序是非法的，调查机构可以采取措施，影响调查人员所在部门或整个调查机构的年度评估。

在探究证据合法性证明方法的过程中，检察机关承担着复杂的角色和职能。证据合法性的证明过程对检察机关有着深厚的价值与内涵，既突破了非法证据排除的困境、促进了实体上的公正，又实现了程序上的公正。检察机关在证明方法的探索过程中，应当完善相应的立法规定与相关配套措施，保证检察机关在证明过程中有明确的立法规定与责任分配，同时改进健康监测系统等基础设施，保证证明方法完善具体。

第三章

检察环节非法证据排除规则

"一个国家诉讼制度先进、公正与否，最终取决于其证据制度，而证据规则又是证据制度的核心。"[1] 其中非法证据排除规则是刑事诉讼证据制度的重要组成部分，在司法实践中起着重要的作用。2012 年我国修订的《刑事诉讼法》明确非法证据排除制度，承认检察机关在排除非法证据过程中不可或缺的地位。检察环节排除非法证据对于保障人权、打击犯罪起着促进作用，能够更好地践行检察机关法律监督的职能。但与此同时在该环节中非法证据排除还存在许多实践困境，其适用范围仍受到限制，实际操作程序也不尽完善，实施效果不佳。本书将从非法证据排除规则的构建历程和检察环节非法证据排除的实践困境、完善建议三个方面展开，深入探究非法证据排除规则。

一、非法证据排除规则的建构历程

（一）非法证据排除规则在中国的建构历程

1997 年，《刑事诉讼法》第 43 条对非法证据排除这一理念有所体现。[2] 这一规定虽然反映了民主和文明化的法治精神，但是并未真正落实，人身权、财产权以及犯罪嫌疑人、被告人等公民的合法权利受侵害的频率仍然较高。

---

[1] 房文翠、丁海湖：《关于证据排除规则的理性思考》，载《中国法学》2022 年第 4 期。

[2] 1997 年《刑事诉讼法》第 43 条规定："审判人员、检察人员、侦查人员必须依照法定程序……严禁刑讯逼供和以威胁、引诱、欺骗以及其他非法的方法收集证据……"

与此同时，非法搜查、非法扣押、刑讯逼供等非法取证的方式也常出现，有些非法证据违背了法律的明文规定，但仍被作为定罪量刑的根据。另外，在《刑事诉讼法》中这一关于非法证据排除的规定不够明确，司法工作人员对于该法条的适用常采取回避的态度，使得该法条事实上属于宣讲性的法律条文。[1]

1998 年 9 月，最高人民法院发布了《关于执行〈中华人民共和国刑事诉讼法〉若干问题的解释》，再次强调了"严禁采用非法手段收集证据"的原则。该解释明确指出："所有经过验证属于通过刑讯逼供、威胁、引诱、欺骗等非法手段获得的证人证言、被害人陈述、被告人供述，都不得作为案件定案的依据。"这一解释的发布，不仅是对《刑事诉讼法》规定的进一步强化，也是对法治精神的再次肯定。

随后的 1998 年 12 月，最高人民检察院发布了《人民检察院刑事诉讼规则》，再次强调了"严禁使用非法手段收集证据"的规定。该规则明确指出："以刑讯逼供或威胁、引诱、欺骗等非法手段收集的犯罪嫌疑人供述、被害人陈述、证人证言，不得作为指控犯罪的根据。"这一规则的颁布，进一步明确了中国司法机构对非法证据排除原则的坚定立场。另外，在审查过程中，检察机关发现侦查人员运用违法手段收集的证据，检察机关不仅应当向侦查机关提出整改建议，而且具备向侦查机关请求指派新的侦查人员进行重新调查的权力。在侦查机关没有执行这一要求的情况下，案件有可能被退回侦查机关进行补充侦查。部分地区的检察机关还是依靠非法获取的证据审查公诉。

2001 年 1 月，最高人民检察院发布了《关于严禁将刑讯逼供获取的犯罪嫌疑人供述作为定案依据的通知》，再次强调了各级检察机关严格执行有关法律规定，严禁刑讯逼供的要求，并明确了非法证据排除规则。

虽然最高人民法院和最高人民检察院相继发布了两个司法解释，非法证据排除规则被初步确立，但该规则的适用范围仍然相对狭窄，仅限于言词证据，对非法获得的实物证据的排除并未有明确规定。

2010 年 6 月，中国的法律体系又迎来了较大进步，最高人民法院、最高

---

[1] 顾永忠：《我国司法体制下非法证据排除规则的本土化研究》，载《政治与法律》2013 年第 2 期。

人民检察院、公安部、国家安全部、司法部联合发布了《关于办理刑事案件排除非法证据若干问题的规定》（以下简称《非法证据排除规定》）和《关于办理死刑案件审查判断证据若干问题的规定》（以下简称《死刑案件证据规定》，两者合称"两个证据规定"），对中国的非法证据排除规则进行了系统性的梳理和规范，促使在法律实践中对保障人权和司法公正采取更加明确和严格的措施。这两项规定标志着我国初步形成非法证据排除规则的基本框架，将非法证据的排除方式分为两种，即强制性排除和可裁量排除，另外职权启动与诉权启动相结合的程序实施规则也被确立。[1]

2012年，《刑事诉讼法》正式将排除非法证据的制度纳入法律框架，以"两个证据规定"作为其立法基础，对非法证据排除的方法进行了区分，明确规定对非法获取的言词证据采取强制排除的方式，而对非法获取的实物证据则采取裁量排除的方法。就程序启动而言，2012年的《刑事诉讼法》在第55条和第56条中基本保留了《非法证据排除规定》设立的职权启动和诉权启动的双轨制，但存在略微不同。

2018年，《刑事诉讼法》第57条明确规定了检察机关作为排除非法证据的主体时，可以采取被动排除与主动排除两种程序。[2]第59条规定了在庭审阶段，非法证据的证明责任由检察机关承担。可申请有关人员出庭证明证据是否合法获得的，相关人员是否出庭由审判机关最终决定。

（二）美国非法证据排除规则的创立及发展

非法证据排除规则起源于美国，并经过长期的发展逐渐完善。在美国建国初期，法律体系深受英国习惯法和衡平法原则的影响，并未明确作出对非法证据排除的规定。然而，随着社会的快速发展，尤其是公民权利意识的觉醒，这种情况逐渐发生改变。

在博伊德诉美国一案[3]中，联邦最高法院判决，强制要求被告提交可能

---

[1]　陈瑞华：《非法证据排除规则的中国模式》，载《中国法学》2010年第6期。

[2]　《刑事诉讼法》第57条规定："人民检察院接到报案、控告、举报或者发现侦查人员以非法方法收集证据的，应当进行调查核实。对于确有以非法方法收集证据情形的，应当提出纠正意见；构成犯罪的，依法追究刑事责任。"

[3]　Boyd v. Untied States 116 U.S.616, 6S.Ct.524,29L.Ed.746(1886).

令其自身定罪的文件的做法，从根本上违背了美国宪法第四修正案。该修正案旨在保护公民免遭强迫认罪的侵害，因此，依强迫被告认罪的方式获取的文件不能作为法庭证据。尽管如此，受英国法律传统的影响，美国在证据获取方法与证据可采性的直接关联方面未表现出坚定立场，联邦最高法院没有强制要求联邦与州法院普遍应用排除所有违反美国宪法第四修正案获得的证据。这个案件对非法证据排除的规定产生了重大影响。

1914 年的韦克斯诉美国案是学术界较为认可的第一个非法证据排除的案例。[1] 在该案中，被告认为警方采取非法手段获取实物证据，违反了美国宪法第四和第五修正案的规定，同时被告的居住权及不受强迫自证其罪的权利也遭受侵犯。在此案中确立的原则标志着一个划时代的转变：审讯期间禁止使用通过非法手段获取的证据。这一判决不仅将非法证据的排除与被告的宪法权利紧密相连，而且宣告了以往认为证据获取方式不影响其可采性的普通法原则被正式废弃。通过韦克斯案，非法证据排除规则被确立的观点在美国已然成为共识。然而，联邦最高法院仍坚称，美国宪法第四修正案并非旨在规定各州警方的不法行为，而是规定联邦各级法院应该排除控诉方以非法方式获取的证据。

在因瑟姆·兰伯诉美国一案 [2] 中，美国联邦最高法院作出了具有里程碑意义的判决，进一步扩大了非法证据排除规则的适用范围。该判决明确指出，以非法手段获得的证据同样应当被排除在法庭审理之外。这一决策进一步巩固了对个人权利的保护，强化了法律对于公正审判原则的承诺。联邦最高法院指出，仅仅阻止在法庭上使用以非法手段获取的证据并不是非法证据排除规则的目的，更应禁止在其他情况下使用此类证据。此外，法院还规定了事后的合法行为不能改变之前非法行为的性质，也无法使证据合法化。

1939 年，联邦最高法院在纳度恩诉美国案 [3] 中，大法官弗兰克·福德使用了"毒树之果"的形象说法来描述非法证据。这个概念最初只适用于通过

---

[1] ［美］约翰·卡普兰：《非法证据排除规则的限度》，陈虎译，载《刑事法评论（第22 卷）》，北京大学出版社 2008 年版。

[2] Silverthorne Lumber Co.v.United States 251 U.S.385, 40 S. Ct.182.64 L.Ed.319 (1920).

[3] Nardone v. United States,308,60 S.Ct.266,84 L.Ed.307(1939).

非法搜查和扣押所得证据而获得其他证据，也就是违反美国宪法第四修正案的情况。在此之后，以非法获取的口供为线索获取其他证据的情况也被纳入此原则的适用范围。在额尔金诉科罗拉多州案中，联邦最高法院裁定，无论是州警方还是联邦警方收集的非法证据，在联邦刑事诉讼中都属于美国宪法第四修正案禁止使用的证据。

1961年，在马普诉俄亥俄州案[1]中，联邦最高法院认定，非法证据排除规则可以由美国所有法院使用。在1963年的科尔诉加利福尼亚州案[2]中，联邦最高法院要求各州法院按照联邦最高法院的标准执行非法证据排除的规定。这一裁决标志着美国完全确立了非法证据排除制度。

此外，在米兰达诉亚利桑那州案[3]中，非法证据排除规则被进一步丰富。法院指出，警方未能提供米兰达与律师进行咨询和询问的权利，从而未保障米兰达免于被迫认罪的权利。因此，最高联邦法院根据此案创立了"米兰达规则"[4]，非法证据排除的范围被扩展到了非法搜查、扣押取得的实物证据以及非法获取的言词证据。"米兰达规则"的确立对非法证据排除规则的发展具有里程碑意义。

二、检察环节非法证据排除的实践困境

自非法证据排除制度确立以来，在检察环节中，该制度的适用存在着许多问题，影响司法公正。具体而言，检察环节非法证据排除面临的主要困境包括以下几个方面。

---

[1] Mapp v. Ohio,367 U.S.643(1961).
[2] Ker v. California,374 U.S.23(1963).
[3] Miranda v. Arizona,384 U.S.436(1966).
[4] 该规则要求在第一次讯问之前，警察必须明确告知被告人享有以下权利：(1)你有保持沉默的权利，你所说的一切都将可能在法庭上作为指控证据。(2)你有权委托律师提供帮助，在你接受讯问时律师有在场权。(3)如果你无钱聘请律师，政府将免费为你指定一名律师。(4)如果不愿意回答问题，你有权保持沉默，讯问立刻终止；如果你想要见律师，讯问也将马上停止，直到律师到场。杨永：《犯罪嫌疑人权利的保障——以米兰达规则为视角》，载《太原师范学院学报（社会科学版）》2008年第5期。

（一）受传统法律观念影响

"重实体、轻程序"的传统法律观念影响着司法实践的进行，不论是侦查机关还是检察机关，大都急于追求结果，轻视过程。近年来，检察机关对人权的关注不断增强，然而"重实体、轻程序"的理念仅仅发展为"在强调实体的同时，兼顾程序"。目前的"兼顾程序"具有一定条件，即在不妨碍实体权利的情况下才会考虑"兼顾程序"。

此外，社会上普遍存在一种观念，即"打击犯罪、维护社会稳定、保障国家安全"是国家司法机关的首要任务，而维护犯罪嫌疑人的合法权益则被视为对法律的漠视、对人权的亵渎。

随着互联网的发展，公民对于司法实践日益关注，越来越多的司法活动出现在阳光之下，在公民的监督下进行。适当的监督使司法机关的权力限于制度的框架之中，有利于实现司法公正。但由于民众法律素养不一，更有甚者以道德绑架法律的行使，导致司法机关畏手畏脚，当检察机关发现非法证据时也不敢申请排除。

（二）非法证据排除的具体规定不明确

1. 言词证据中"非法方式"的概念模糊

《刑事诉讼法》中只有第56条对非法证据作出了定义，并将应排除的非法证据分为三类[1]，但该条款较为粗简，给排除非法证据的司法实践带来了一定困难。

根据《刑事诉讼法》，任何以刑讯逼供等非法手段获取的被告人或犯罪嫌疑人的供述都应该被排除。然而，"刑讯逼供等非法手段"的含义并不清晰，如何解释其中的"等"字以及哪些方法可以被归入这一范畴存在争议。

在侦查阶段，少数犯罪嫌疑人会自愿供述其罪行，通常情况下，侦查人员需要采用必要的侦查手段和讯问技巧来获取证据。这些手段和技巧可能涉

---

[1] 《刑事诉讼法》第56条规定应当排除的非法证据有三类：（1）采用刑讯逼供等非法方法取得的犯罪嫌疑人、被害人的陈述；（2）通过暴力、威胁手段取得的证人证言、被害人陈述；（3）因收集程序不合法而严重影响司法公正，且无法补正或作出合理解释的物证、书证。

及威胁、引诱或欺骗的元素，但它们是否属于非法手段获取的证据范畴，存在不同的看法。

另外，如何界定疲劳审讯也是尚未解决的问题。《刑事诉讼法》规定传唤、拘传犯罪嫌疑人，应当保证犯罪嫌疑人的饮食和必要的休息时间。"必要的休息时间"的判断标准尚不清晰，按照普通人的休息习惯，一晚休息 6~7 小时是比较充足的。然而，有些地方在两次讯问期间要间隔 8 小时，有的地方则认为两次讯问间隔 3~4 小时便足够。犯罪嫌疑人、被告人的必要休息时间应如何进行界定，怎样是超越法律的界限，如何归为非法方法等都没有明确的规定，进而导致排除非法证据的判断标准不同。

2. 裁量处理实物证据的标准不明确

《刑事诉讼法》第 56 条第 2 款 [1] 以及第 57 条揭示了检察环节中，非法证据排除既包括主动方式也包括被动方式，在实践中，被动排除占主导，即检察机关较为依赖犯罪嫌疑人或其他辩护人的举报来获悉非法取证行为。

《刑事诉讼法》还规定了对违反证据收集程序的物证和书证应采用裁量排除法。这一裁量排除依据的标准是：收集程序是否严重影响了司法的公正性，以及是否能对物证和书证提供合理的解释。但是，对于何为"严重影响司法公正"和"合理解释"的定义模糊，导致实践中关于非法证据排除标准的应用存在差异。

一些地区认为，为了保障人权和规范司法程序，应当一概排除不符合规范的证据，而不必考虑其是否"严重影响司法公正"或是否能够作出"合理解释"。换句话说，它们将"裁量排除"更替为"强制排除"。而另一些地区则认为，过于严苛的排除标准不适用于我国的司法实践，但由于缺乏明确的非法证据排除标准，在庭审阶段，被审判机关认定应当排除的证据，将会使检察机关在随后的庭审过程中处于被动地位。

（三）侦查活动具有隐蔽性

目前，我国的侦查机关与检察机关处于相互制约、相互配合的状态中，

---

[1] 《刑事诉讼法》第 56 条第 2 款规定："在侦查、审查起诉、审判时发现有应当排除的证据的，应当依法予以排除，不得作为起诉意见、起诉决定和判决的依据。"

检察机关无法介入侦查机关的取证过程，因此只得对取证的结果进行审查，[1] 从而导致对于侦查环节的监督较为浅显，不够透彻。与此同时，隐蔽性是侦查活动的特征之一，侦查人员以获取案件真相为目的，必然要将犯罪嫌疑人置于同外界隔离的状态之下，这样也便将检察机关排除在外，使得检察机关的监督只能存在于侦查过程的外围、终结阶段。然而，在犯罪嫌疑人被限制人身自由至被批准逮捕期间，最易出现非法取证的行为。

比如，我国十大冤案之一李某明案中，侦查机关违反办案程序非法取证，且其辩护律师在法庭上指出侦查机关非法取证的具体体现：第一，公安机关的现场勘验笔录。其上没有现场勘查人员和见证人的签名或者盖章。第二，DNA鉴定结论。其上没有关于检材来源、取得、送检过程以及必要鉴定过程的相关内容，同时，检验结果中所标注的人体基因链对比数字也违反了DNA鉴定的特定标准。第三，足迹鉴定结论。其上没有记载、明确检材和样本的具体特征，让人对所鉴定的检材和样本到底是什么都无从得知，同时，也没有注明鉴定人的资质情况，甚至结论落款处竟没有鉴定人的签名或者盖章。第四，针对"应为"警用匕首上的血迹所作的物证鉴定结论，其检材来源存疑，与公安机关现场勘验笔录上记载的内容明显不符。第五，李某明在公安机关所做的唯一一次有罪供述，是侦查人员采用刑讯逼供等非法手段取得的。然而，这些辩护意见无一得到审判机关的认可，且以上非法证据都成为定罪量刑的重要根据。由此可见，侦查活动的隐蔽性以及排外性，导致检察机关很难深入调查过程进行监督。

在目前的规定下，检察机关对于自侦案件的讯问必须实施全过程同步录音录像，这意味着在案件侦查中，每一次讯问都必须被录音录像以确保讯问过程的真实性和合法性。然而，对于由公安机关办理的案件而言，仅硬性要求在进行可能判处无期徒刑、死刑以及重大案件的讯问工作时，进行录音录像。[2] 这一差异性规定可能导致一些刑事案件在侦查阶段缺乏录音录像资料可供检察机关进行调查核实。

---

[1] 张智辉、洪流：《检察环节非法证据排除规则的适用》，载《法治研究》2016年第4期。

[2] 陈瑞华：《非法证据排除规则的中国模式》，载《中国法学》2010年第6期。

（四）警检关系的不融洽影响非法证据排除制度的适用

检察机关肩负着监督侦查的职能，但由于公安机关与检察机关共同承担着打击犯罪的任务，两者有相同的价值追求，在多数情况下检察机关的监督职能会为打击犯罪让步。警检机关长期处于配合多、制约少的状态之下。

公安机关在刑事诉讼中扮演着至关重要的角色，拥有按照自身办案需要行使刑事拘留、搜查、扣押以及秘密侦查等一系列权力。这些权力对于确保案件能够顺利侦破和证据的有效收集至关重要。公安机关对于侦查活动的发起、实施乃至终止，享有较大的独立决策权，这种设计在一定程度上确保了侦查活动的灵活性和及时性。

然而，这也带来了对侦查过程监督的挑战。检察机关虽然负有监督公安机关侦查活动的责任，但其监督权主要体现为事后监督。在实际操作中，检察机关往往难以深入侦查的每一个环节，这种局限性影响对公安侦查活动合法性和正当性的全面把握，尤其是在证据收集的法定程序方面。检察机关虽可通过审查案卷等方式对侦查活动进行事后监督，但由于这种监督是在侦查活动完成之后进行的，其能力在于指出问题和不足而非预防，这自然使得检察机关在监督过程中处于较为被动的状态。

另外，侦查机关被认定为非法取证的，将会面临两种后果：未构成犯罪的，将被纠正违法；构成犯罪的，则被立案侦查。因此，在检察机关对侦查过程进行监督时，侦查机关配合的可能性较小。

三、检察环节非法证据排除的完善建议

（一）正确理解非法证据排除规则的含义

非法证据排除的本质目的是实现司法公正，约束侦查机关的权力，维护被告人或犯罪嫌疑人的权益。若非法证据排除的标准定得太过严苛，那便是对被告人或犯罪嫌疑人权益的漠视，但非法证据排除的标准过于宽松，又会将该规则架空，脱离立法的初衷，更会忽视对于犯罪的打击。

1.明确非法证据排除规则的手段及程序

"非法证据"是一个宽泛的概念，表面来看脱离法律规范而收集的证据

都属于非法证据的范畴。然而，并非所有的"非法证据"都属于应当被排除的行列，应采取"裁量排除"或"绝对排除"两种不同的手段。

司法追求的目标既包括程序正义也包括实体正义，两者并不相互矛盾。为了达到实体正义而采取刑讯逼供的做法违反了现代法治的原则，同样，仅为了程序正义而提升非法证据排除标准，也不符合司法公正的原旨。对影响司法公正、侵犯人权的证据应予以排除，而对某些危害不大的瑕疵证据不必然排除。没有被排除在外的非法证据，并非默认了违法的方法或缺陷，对于非法取证的工作人员要予以严惩。

2. 明确应当排除的非法言词证据标准

根据《刑事诉讼法》第 56 条的规定，以及《人民检察院刑事诉讼规则》第 65 条第 2 款明确对于使用肉刑或者变相使用肉刑的情况的定义，即使是其他非法方法也需具有与刑讯逼供或暴力、威胁相当的违法程度和对犯罪嫌疑人的强迫程度，才能被视为应予以排除的非法方法。

因此，只有那些对犯罪嫌疑人造成了极大身体或心理伤害的"其他非法方法"才能被强制排除。在审讯过程中，轻微的身体接触或粗鲁的行为并不足以违反程序规定，通过这些行为所得的证据并不应该被排除。面对违反法律、侵害人民或国家法益的犯罪嫌疑人、被告人，不能苛求侦查机关用平稳无波澜的言语及动作审讯。从实践经验来看，违法犯罪的人大多会为减刑或逃避罪行而刻意隐瞒事情真相，因此，侦查人员不得不采用必要的侦查谋略、技巧，令对方在较短的时间内交代事情真相。

实践中的另一争议是以威胁、引诱和欺骗的非法方法获取的口供是否应当排除。此类方法一般不会造成犯罪嫌疑人、被告人肉体或精神上的剧烈痛苦，但也是对基本人权的巨大侵害。"威胁、引诱、欺骗"的手段极易造成口供内容的不真实，基于虚伪排除理论应当予以排除。[1] 口供属于言词证据，具有可变性和不确定性，因此，当司法工作人员采用威胁、引诱、欺骗等方法时，会影响犯罪嫌疑人、被告人口供内容的真实性。

---

[1] 张智辉：《刑事非法证据排除规则研究》，北京大学出版社 2006 年版，第 58—60 页。

3. 明确应当排除的非法实物证据标准

根据《刑事诉讼法》第 56 条的规定，仅在实物证据"可能严重影响司法公正"，并且这种影响无法通过补正措施或提供合理解释来消除的情形下，该实物证据才被视为非法证据，必须予以排除。因此，评估一个实物证据是否应当被排除，主要依据两个核心标准：首先，评估该证据是否具有"严重影响司法公正"的潜在风险；其次，考虑是否存在可能性，通过补正手段或提出合理的解释来纠正或解释这种影响。且两者之间存在先后顺序，需要注意判断，若实物证据的取证方式不符合法律规定，但能够作出补正或合理解释，证据便不必排除。

实物证据通常具有不可替代性，由于现阶段我国侦查机关的办案水平以及法律素养不一，若将非法实物证据排除的标准定得过高，会使该规则形同虚设。同样，如果将非法证据排除的标准定得过低，一味追求程序正义，会导致许多具有关键意义的证据被排除，难以寻找案件的突破口，导致撤案或是无罪等情况。

针对"可能严重影响司法公正""如何补正"以及"如何作出合理解释"等问题的具体界定确实缺乏明确的指导性解释，使得这一领域留有较大的判断灵活性。《人民检察院刑事诉讼规则》第 66 条第 3 款为此提供了一定的指引，指出"可能严重影响司法公正"主要指那些在收集物证和书证时，违反法定程序到达"明显违法"或"情节严重"的程度，足以对司法机关处理案件的公正性造成"严重损害"的情形；而所谓的"补正"，则是指对证据收集过程中出现的程序性瑕疵给出一个既符合逻辑又符合情理的解释，以此来纠正之前的错误。

尽管《人民检察院刑事诉讼规则》提供了定义框架，但这些定义本质上仍具有抽象性，具体应用时需依赖司法机关的具体裁量。裁量权的运用应基于案件具体事实，结合法律规定和司法实践经验，旨在平衡法律程序的正当性和效率性，确保司法公正。因此，在实际操作中，对于何种行为构成"严重影响司法公正"，如何进行"补正"或提供"合理解释"，需要根据案件具体情况，通过专业判断来具体分析和决定。这一过程不仅需要对相关法律规定有深入理解，也要求审判人员及检察人员具备高度的专业判断力和操作能力，以确保每一项决策都能够最大限度地维护法律的尊严和司法的公正。

（二）提高侦查活动的透明度

1.开具证据清单

侦查活动的特性决定了其具有高度的隐蔽性，而监督检查的难度则进一步加大。检察机关在对侦查过程进行监督时，往往面临着各种挑战，比如侦查机关可能会以其独立性或连贯性为由来抵制监督。为了应对这一挑战，侦查机关可以采取开具证据清单的方式，这既有助于检察机关明确监督的方向，提高司法效率，也能够夯实侦查机关依法取证的理念。

证据清单，简言之，是在侦查工作中由侦查人员收集的、能够对案件调查产生积极影响的事项的明细表。它主要包含定罪事实证据、量刑事实证据以及证据来源的合法性证明等几个方面。这些清单提供了一个全面的视角，为案件的侦查、起诉提供了可靠的依据。

基于以上理念，提出了一种新的思路：侦查机关通过对已有的各种证据进行梳理和分类，从而实现侦查过程的全方位展示。这种做法有助于确保证据的完整性和准确性，使得案件的调查和审理更加高效。通过这种方式，侦查机关能够更好地应对监督检查的挑战，同时也为维护司法公正、保障被告人合法权益提供了有效的手段。

2.检察人员提高监督工作的细致性

在进行刑事案件的审查起诉工作时，检察人员面对的是一项充满挑战的任务，尤其是在证据资料相对有限的情况下，要求检察人员必须展现出极高的职业素养和审慎的态度，进行细致入微的排查和审查。在这一过程中，检察人员应当深入分析犯罪嫌疑人的供述和辩解，仔细寻找其中是否存在不一致或反复无常的地方，并将这些供述与案件的其他证据进行交叉验证，以确保证据的真实性和可靠性。

特别是在处理共同犯罪案件时，尽管每名涉案嫌疑人在犯罪中可能扮演着不同的角色，拥有不同的主观意图和分工，但其涉案的客观事实应当具有一致性。检察人员需特别关注各嫌疑人供述中的矛盾点，仔细分析和比较，看能否找到相互矛盾的证据。同时，还需要对比其他的证物、现场勘查记录、目击者证言等，以形成一条全面、立体的证据链。

如果发现所有嫌疑人的供述异常一致，检察人员应警惕是否存在侦查人员逼迫嫌疑人供述的情况，比如通过直接朗读预先准备好的供述内容等不当手段。这就要求检察人员要对文字材料进行审查，还要对案件的调查过程进行复核，包括但不限于提审记录、同步录音录像等。

同步录音录像的审查尤为重要，这直接关系到整个调查过程的合法性和证据的可信度。检察人员应该细致比对同步录音录像内容与案卷笔录的一致性，注意录像中的时间与实际询问时间是否相符，是否存在任何编辑或剪辑的痕迹，确保录像材料的完整性和真实性。此外，基于犯罪嫌疑人、被告人、辩护人提供的线索，有针对性地审查录音录像，可以进一步揭示侦查过程中可能存在的问题或疏漏。

总之，检察人员在审查证据时，需要运用法律知识和逻辑推理能力，综合考量各种证据材料，确保每一项证据都能够经得起法律和逻辑的双重检验，从而为实现司法正义奠定坚实的基础。

（三）转变司法观念，加强程序正义理念

民众观念认为"打击犯罪"是司法机关最核心的任务，因此，应当严厉惩处犯罪嫌疑人、被告人等，而不顾犯罪嫌疑人、被告人的人权。在这种观念的影响下，检察机关行使监督权时常恐违背民众观念，惧怕将检察机关置于被批判、怀疑的境地。然而，每一名公民都有可能成为被指控的无辜的对象，在强大的国家机器面前，若没有正确的司法观念以及司法程序的指引，每个人的权利都无法得到可靠保障。作为法律监督机关，检察机关应带头转变司法观念，重视人权的保障，促使案件公平审判，在社会上形成影响力，从而不断纠正错误观念。

检察机关应明确自己的职责定位，即检察机关不仅肩负着维护法律施行、打击犯罪的任务，更要承担起维护司法正义、保障人权的监督职能。为了打击犯罪而漠视法律程序，那法律监督的职能就无异于摆设。检察机关还应明

白，个人违法远不如公权力坐拥国家权力而违法的危害大。[1] 作为国家的监督机关知法犯法，不仅会损害当事人的权益，更会使自身丧失司法公信力，让法律失去民众根基。

此外，检察机关还应该健全执法质量评价体系，对撤案、不捕、不起诉和无罪判决的理由进行合理的分析，而不是对撤案、不捕、不起诉的案件一律进行"问责"。否则，即使检察人员发现非法证据或收到排除非法证据的申请时，十分可能不具备践行非法证据排除的勇气，从而不利于该规则的贯彻施行。若导致案件撤案、不捕、不诉等的原因是检察人员的失职，对于责任人员追责、对其考评成绩做负面评价等都是必要的；然而还有一部分是由于正常的纠错机制而导致的，正如非法证据排除制度的施行。对于后者，检察机关非但不应做否定评价，还应对责任人员进行奖励，做到奖罚分明，建立合理的非法证据排除的激励机制。

（四）强化侦查监督

在我国的司法体系中，警检关系既相互制约又相互配合，形成了一种特殊的平衡状态。在刑事侦查阶段，公安机关享有较大的自主性，其行动在很大程度上不受检察机关的直接限制。然而，根据《刑事诉讼法》的规定，检察机关负有监督法律正确实施的重大责任，其核心目标是确保司法公正得以实现。为了达成这一目标，就必须适度加大司法监督力度，确保侦查活动能够在检察机关的有效监督下进行。这要求通过制定清晰的法律规范，明确赋予检察机关提前介入侦查阶段的权力，以及规定其对侦查活动具有引导和指挥的职责。一方面在检察机关介入侦查阶段，加强侦查引导取证工作，通过发表侦查取证、事实认定、法律适用建议的方式，加强与侦查机关配合。

通过这样的制度设计和调整，检察机关能够依据其职权，对侦查活动进行必要的调整和指导，及时纠正那些偏离法律程序规范的行为，从而有效地防止非法证据的产生和使用。当然，检察机关在行使其监督职能时，应当主要集中在证据的合法性和相关程序的合规性上，同时也应充分尊重侦查机关

---

[1] 张智辉：《刑事非法证据排除规则研究》，北京大学出版社 2006 年版，第 63 页。

在侦查方法和技术上的专业判断和自主性。

更为重要的是，检察机关在执行其职责时，不能仅仅关注指导侦查机关获取符合法律规定的证据，还必须全面维护犯罪嫌疑人、被告人的合法权益，积极收集可能证明被告人罪轻或无罪的证据。这意味着检察机关在审查证据时，不应只站在控方的立场上，而应保持中立，全面考量控辩双方的主张及其提供的证据。尤其需要重视辩方对证据的质疑，善于利用辩方提供的线索来排除非法证据，确保整个刑事诉讼过程的公正性和合法性。

通过这种方式，不仅能够有效地监督和指导侦查工作，确保证据的合法性，还能在更大程度上保障被告人的法律权益，促进司法公正和法律的正确实施。这种警检关系的新模式，体现了对法治原则的尊重和对人权保护的重视，对于提升我国司法体系的公信力和效率具有重要意义。

（五）审查起诉阶段非法证据排除实行诉讼化裁判

《刑事诉讼法》第 37 条、第 38 条规定检察机关有权在审查起诉阶段直接接触被告人，并能够对证据进行核实调查，同时辩护律师能够查阅、复制案卷资料。因此，在审查起诉阶段，排除非法证据的模式不仅包括检察机关依职权主动排除，犯罪嫌疑人及其辩护律师也拥有对非法证据排除的申请权利。公诉机关此时负责案件的审查起诉，但并不是处于非起诉不可的诉讼立场，然而，在审查起诉环节中实现非法证据的诉讼化裁判，有助于犯罪嫌疑人的法律地位得到落实，辩护律师查阅、复制案卷材料掌握程序法事实及证据材料，使犯罪嫌疑人具备一定的辩护基础。同时，检察机关在第三方裁判角色下，也可以更好地发挥其"法律保护人"的作用。

随着法治理念深入人心，检察机关对其职责和地位的认识也日渐清晰。作为法律体系中不可或缺的一环，检察机关承担着对法律实施过程进行监督的重要责任，在侦查和审查起诉阶段对非法证据进行排除的角色显得尤为重要。然而，在中国这样一个传统法律观念根深蒂固的国家，检察阶段实施非法证据排除规则面临着众多挑战。这些挑战包括但不限于非法证据排除规则缺乏明确的具体规定、侦查过程的不透明性、检察机关在主动排除非法证据方面缺乏足够的动力、侦查机关与检察机关之间存在的紧张关系等。诚然，要想在实践中有效引入并应用非法证据排除规则，从而在全社会形成一种良好的法治氛围，是一个长期而复杂的过程。这不仅需要时间，还需要我们从多个方面入手来解决存在的问题。具体而言，即明确非法证据排除规则的定义和范围、提升侦查阶段的透明度、改变现有的司法观念、完善对执法质量的考评机制以及加强对侦查过程的监督等。通过这些措施的实施，检察机关在非法证据排除工作中的作用将会更加凸显，不仅能够提高法律监督的效率，推动人权保障，还能提高我国法治建设的质量和效率。

第四章

检察机关瑕疵证据处理机制

公诉案件中被告人有罪的举证责任由检察机关承担，检察机关应当对证据收集的合法性加以证明。《刑事诉讼法》以及"两个证据规定"进行了相应规定。《刑事诉讼法》第 59 条明确规定："在对证据收集的合法性进行法庭调查的过程中，人民检察院应当对证据收集的合法性加以证明。现有证据材料不能证明证据收集的合法性的，人民检察院可以提请人民法院通知有关侦查人员或者其他人员出庭说明情况；人民法院可以通知有关侦查人员或者其他人员出庭说明情况。有关侦查人员或者其他人员也可以要求出庭说明情况。经人民法院通知，有关人员应当出庭。"对于确认或者不能排除存在以非法方法收集证据情形的，检察机关对有关证据应当依法排除。

《死刑案件证据规定》第 9 条、第 14 条、第 21 条针对证据的不同情形给出了区别处理方式。但"两个证据规定"对瑕疵证据和非法证据的区分较为模糊，在司法实践中容易造成混淆。对此，樊崇义教授认为，瑕疵证据与非法证据在性质上有着根本差异，瑕疵证据通过证据能力解决，而非法证据通过非法证据排除规则解决，应当加以厘清。[1]

瑕疵证据在民事诉讼领域的司法实践中也普遍存在，但理论界目前对其

---

[1]　樊崇义教授认为，"非法"有轻有重，关键是要紧紧抓住是否侵犯了被讯（询）问人的宪法所规定的基本权利，以此区分非法证据和瑕疵证据。即樊崇义教授赞成非法证据的非法主要针对取证手段违法。樊崇义：《只有程序公正，才能实现实体公正——学习"两高三部"颁布的"两个规定"》，载《法学杂志》2010 年第 7 期。

研究较少，实务中对瑕疵证据的界定和适用仍然比较有限，对法条的理解和适用出现偏差的情况也屡见不鲜。如果一个案件中决定着案件结果的关键证据是瑕疵证据，那么如何认定该瑕疵证据就尤为关键。瑕疵证据多产生于司法实践中的不规范取证行为，为尽可能杜绝瑕疵证据的产生，检察机关需要对瑕疵证据处理机制作出进一步的优化。本书重点讨论刑事诉讼中检察机关瑕疵证据处理机制的完善。

一、瑕疵证据制度概述

在民事诉讼、刑事诉讼以及行政诉讼中，瑕疵证据大量存在。"瑕疵"指玉的疵病，喻微小的缺点；[1] 在这里可以用来形容证据的收集程序不规范，有形式上的缺陷或者审查程序不到位。瑕疵证据是处于合法证据与非法证据之间的灰色地带上的轻微违法证据。

《死刑案件证据规定》中所认为的瑕疵证据是指"虽然在收集程序和方式上存在瑕疵，但通过有关办案人员的补正或者作出合理解释依然可以被采用的证据"。

我国民事诉讼理论界对于瑕疵证据的定义有细微的差异。吴英姿教授认为，瑕疵证据主要有两类：第一类是收集证据的手段有缺陷从而导致证据能力待定的证据，第二类是因证据外观形式的缺陷而处于真伪不明状态的证据。[2] 证据能力是指某项材料可以用来作为证据的一种资格。适用证据排除规则而被排除的证据材料不具备证据能力。若当事人的行为难以在我国现行法律上找到相关依据或与法律规定的要件不符，但又不违反法律的禁止性规定时，则这种行为被称为"瑕疵行为"。瑕疵行为使得所取得的证据的证据能力待定，必须经过前置程序判断该证据是否可以进入诉讼。徐龙震教授、肖建华教授等认为瑕疵证据仅指外观形式上有缺陷的证据，即证据字迹有涂改或增删等情况，证据载体有毁损、拼贴等痕迹，从而使得证据的实质证明

---

[1] 《现代汉语词典》，商务印书馆 1983 年版，第 1239 页。

[2] 吴英姿：《论民事诉讼"瑕疵证据"及其证明力——兼及民事诉讼证据合法与非法的界线》，载《法学家》2003 年第 5 期。

力受到影响的证据。[1] 这部分学者认为瑕疵证据中不应包含收集手段有瑕疵的证据,收集手段有瑕疵的证据应当属于非法证据。

瑕疵证据的性质是违法程度较轻,因而是可以容许的,只有经过修正与合理解释,才能消除违法性。它与"合法证据""非法证据"有着本质的不同。[2] 法定证据是一种天然的、可采纳的证明力,可以直接适用于刑事诉讼。但是,有缺陷的证据能力是一种尚未确定的事实,因而不具备直接可采性,只有通过补充、合理的解释,才能适用。非法证据是一种严重的程序违法行为,是一种通过对公民宪法基本权利的侵害而获得的证据,在刑事诉讼中应被排除在外。而证据瑕疵的获取,尽管也是一种违背法律程序的行为,但并非严重违法,也未侵犯公民的宪法基本权利,只要稍加修改、稀释,就可以继续适用。

二、检察机关瑕疵证据处理的运行现状

(一)当前的检察机关瑕疵证据处理机制

检察机关对于侦查机关移送审查起诉、案件办理移送起诉的案件应当进行全面审查并依法监督侦查活动的合法性,确保起诉质量。随着我国刑事立法的不断完善,立法中越来越多地体现出保障人权的色彩。在实务中检察机关更倾向于瑕疵证据的补正,方式也丰富多样。《人民检察院刑事诉讼规则》第 72 条规定:"人民检察院发现侦查人员以非法方法收集证据的,应当及时进行调查核实。当事人及其辩护人或者值班律师、诉讼代理人报案、控告、举报侦查人员采用刑讯逼供等非法方法收集证据,并提供涉嫌非法取证的人员、时间、地点、方式和内容等材料或者线索的,人民检察院应当受理并进行审查。根据现有材料无法证明证据收集合法性的,应当及时进行调查核实。

---

[1] 徐龙震:《当事人及法官对瑕疵书证的运用——以民事诉讼为视角的分析》,载《证据科学》2008 年第 2 期。肖建华等:《诉讼证明过程分析民事诉讼真实与事实发现》,载《政法论坛》2018 年第 1 期。

[2] 例如,有学者认为 2012 年《刑事诉讼法》第 54 条规定了瑕疵证据的补正与合理解释。参见陈盛、纵博:《瑕疵证据规定的法律解释分析——以〈刑事诉讼法〉第 54 条为对象》,载陈金钊、谢晖主编:《法律方法(第 15 卷)》,山东人民出版社 2014 年版,第 359 页。

上一级人民检察院接到对侦查人员采用刑讯逼供等非法方法收集证据的报案、控告、举报，可以直接进行调查核实，也可以交由下级检察院调查核实。交由下级检察院调查核实的，下级检察院应当及时将调查结果报告上一级人民检察院。人民检察院决定调查核实的，应当及时通知公安机关。"

1. 瑕疵证据处理原则

《非法证据排除规定》中非法证据的种类有两种：一是非法实体证据；二是非法言词证据，并且引入了"自由裁量"排除规则，在此基础上还提出了一种新的适用范围。但若以"是否可以补救"区分非法证据与瑕疵证据，可能会导致非法证据中的非法实物证据与瑕疵证据的混淆。实际上，瑕疵证据作为处于合法证据与非法证据之间的一种"灰色地带"，在瑕疵证据与非法证据的处理原则上应当有所区别。[1]

第一，瑕疵证据裁量排除原则。非法证据排除本质上是政策性规则，重点关注证据的证明能力。而瑕疵证据作为一个"过渡产物"，取证人员主观上缺乏恶意，对证据的特征并未造成根本性影响，同时也没有对证据的核心要素造成严重影响，可以通过事后补正的方式加以修复，这种补正规则的适用并没有违背司法公正，有助于兼顾实体正义的实现。

第二，主动处理原则。首先，检察机关在处理瑕疵证据时，需要及时转变旧的证据观念，要对证明责任的分配有一个准确的理解，就必须主动地适应新的证明标准。其次，在审前阶段检察机关需要把握时机，积极主动发现瑕疵证据并对其进行及时处理，确保瑕疵证据阻断在审前阶段不会进入庭审，保证庭审的高质量。检察机关需要甄别、补正瑕疵证据。

第三，防治结合原则。瑕疵证据本身会浪费有限的宝贵的司法资源，它的产生可能会损害个人的合法权益和社会的利益。进入庭审后对瑕疵证据进行消极处理只是一种事后救济，而构建事前预防机制同样十分重要。时效性在获取证据的过程中是十分重要的一个要素，比如言词证据一旦丧失时效性，就会给后续补充收集证据带来巨大的困难，使得瑕疵证据后续难以弥补。因此，最初取证时应当遵循法律要求，按照法定程序取证并用合法方式固定证据，充分发挥检察机关的监督职能。

---

[1] 张军：《刑事证据规则理解与适用》，法律出版社 2010 年版，第 345 页。

2. 审前阶段检察机关瑕疵证据被动处理机制

第一，瑕疵证据的发现机制。瑕疵证据大都依靠检察机关的主动发现。在法庭上，犯罪嫌疑人、被告人可以根据自己的需要，利用瑕疵证据来为自己辩护。所以在审前阶段，不能仅仅依赖犯罪嫌疑人的瑕疵证据提议，检察机关的主动审查是更为重要的一种发现并解决问题的方式。在审查逮捕、审查起诉的过程中，检察机关应当对侦查机关移送的证据材料以及卷宗进行充分的合法性审查，审查内容应当囊括形式和手段等各个方面，在审查过程中及时发现并排除瑕疵证据。

第二，瑕疵证据的处理方式。中国台湾的林钰雄教授认为不是全部违法取得的证据都不能作为法官裁判的基础。[1] 目前，我国处理瑕疵证据有以下几种方式：（1）重新制作。重新制作是瑕疵证据的最佳处理方式，也是最高的标准。（2）补正。在某些情况下，为了弥补证据形式上的不足或收集方法上的不足，需辅以补签等方法。（3）合理解释。在司法实践中，由于种种原因，证人不愿意出庭作证，或者当事人不能找到证据，这就要求检察机关作出合理的解释。（4）当事人同意。（5）补强。尽管补强并非法律上对瑕疵证据进行救济，但这种方法可以使瑕疵证据重新获得证明力。

3. 检察机关审前过滤制度

审前过滤制度是检察机关用事实、证据和法律及政策编织的一张"滤网"，这张"滤网"可以把不能通过检验的案件拦截在审前阶段。检察机关的审前过滤制度是检察机关应对瑕疵证据处理机制改革的一大措施。

审前过滤制度主要有以下几种功能：第一，要把好"事实"与"证据"关，提高诉讼效率，防止瑕疵案件进入庭审，预防冤假错案的产生；第二，对侦查工作进行全方位、深入的监督，使调查取证工作有条不紊地进行；第三，保证预审程序按照法律进行分流；第四，为了更好地保护犯罪嫌疑人的合法权利，更好地实现以审判为中心的刑事诉讼制度改革，2012 年《刑事诉讼法》修改后，加强了对检察机关的监督与公诉工作，取得了明显的成效与进步。

---

[1] 林钰雄：《从基础案例谈证据禁止之理论与发展》，载朱朝亮等主编：《刑事诉讼之运作》，五南图书出版公司 1997 年版，第 6 页。

（二）瑕疵证据引发的不良影响

我国刑事审判中存在法庭审理书面化的问题，主要体现在诸多询问笔录瑕疵、鉴定意见瑕疵等。我国审判受"案卷笔录中心主义"影响较大，审判机关会先入为主地被检察机关的有罪证明的证据引导，通常采取阅卷、摘抄等证据印证工作，很难保证证据印证的充分性。司法实践中出现了如相关人员未签名、代签名或见证人缺失等诸多问题，这类瑕疵在案卷移送至检察机关时就可以及时发现并补救，但这类瑕疵的存在表明仅依靠审前过滤并不足够彻底消除取证不规范等现象，检察机关应当坚决摒弃对侦查所得证据材料全盘接受的做法，积极向庭审实质化的要求靠拢。

三、检察机关瑕疵证据处理的实践困境

为了对我国当前司法实践中存在的一些问题进行研究，本书选取了中国裁判文书网上的有关案例作为研究对象。通过关键词"瑕疵证据＋刑事案件"检索 2019—2023 年的案例，在中国裁判文书网上搜索得到 249 个案例。瑕疵证据的类型以笔录类为主，其中以涉毒类案件最为常见。对于证据瑕疵的处理结果，绝大多数采用了"补正"的方法，但"合理解释"方法的适用过多。检察机关在瑕疵证据相关案件的司法实务中遇到了如下问题。

（一）未能准确界定瑕疵证据，规则实施不统一

在我国，瑕疵证据补正制度已经实施十多年了，瑕疵证据补正的合理性与正当性已被认可，尽管对于有关问题的研究已经开始降温，但仍有必要对其进行进一步的研究。其中存在着非法证据排除规则与瑕疵证据补正规则之间的混淆，也存在着瑕疵证据规则赋予法官过于宽松的自由裁量权的问题。2012 年《刑事诉讼法》和"两个证据规定"对非法证据和瑕疵证据的处理作出了许多规定，并对证据进行了严格的审查，但这些详细的规定大多集中在审判机关审理阶段，在审前瑕疵证据的处理上并没有明确的操作规范；在司法实践中，也没有相应的制度来具体执行这些条款。因此实践中各个地方的检察机关对瑕疵证据的理解并不一致，甚至还有将瑕疵证据作为非法证据予以排除的情形。如在李某国、李某陆等人故意伤害案中，辩护律师提出"证

人在原证言中记录人签名与记录笔迹不一致，且证人当庭对原证言予以否认，原证言应属伪造，不予采信"。显而易见，证人笔迹不真实并不是司法解释所规定的几种"伪证"类型之一；并且庭审阶段证人又否认了该证言，故证人证言可能属于伪造。伪造的证人证言并不属于瑕疵证据，而应当作为非法证据加以排除。然而对于这一证言，法官在裁量时采用了瑕疵证据补正规则，即"该瑕疵证据已由县公安局侦查人员的情况说明予以补正，作出了合理解释，故此份证言应予采信，其辩解意见不予采纳"[1]。因此，我们可以得出这样一个结论：在司法实践中确有证据超出瑕疵证据的适用范围但仍然适用瑕疵证据补救规则进行补正的案例。

（二）检察机关证据审查判断存在问题，对接机制需完善

对刑事诉讼实行法律监督，依照法律规定对有关刑事案件行使侦查权，并监督法律规定的侦查机关的侦查活动是否合法。检察机关内部以及检察机关与其他有关单位的协作缺乏有效衔接。检察机关依法对刑事诉讼实行法律监督，依照法律规定对有关刑事案件行使侦查权，并监督法律规定的侦查机关的侦查活动是否合法。检察机关内部以及检察机关与其他有关单位的协作缺乏有效衔接。首先，捕诉部门、驻所检察机关之间缺乏对接机制，各个部门之间联系并不紧密，导致了信息共享通道的堵塞，在瑕疵证据处理方面难以形成合力、共同应对；其次，捕诉部门和案件办理部门之间并未建立起有效的衔接机制，在关键证据上检察机关没有最大限度引导案件办理部门的侦查活动，对瑕疵证据的预防不到位。另外，检察机关外部还存在着与侦查部门沟通与衔接不流畅等问题。在发现证据方面的问题上，相对来说是一种消极、落后的方式，不能及时发现和补充相关证据，对接机制的缺位导致不能有效控制和处理有缺陷的证据，进而对审判质量产生不利影响。

（三）检察机关监督不到位，导致司法程序空转

检察机关建立审前瑕疵证据处理机制的法理基础，来自检察机关作为法

---

[1] 参见李某国、李某陆故意伤害案，河南省叶县人民法院（2013）叶刑初字第 149 号刑事附带民事判决书。

律监督者的身份，对侦查中违法行为进行监督是检察机关的法律监督权之一。在以往的证据制度下，检察机关通常审查以下几个方面：侦查机关提交的证据是否齐备、证据能否证明犯罪事实、罪名是否正确等，但很少检查侦查过程中是否存在违法情形，甚至没有有效的审查方式。这种监督不到位现象的产生，很大程度上是由我国诉讼结构导致的。

司法程序的空转问题涉及瑕疵证据，这导致司法程序在不同环节反复退查或补正，甚至最终延误案件审理。一些案件在侦查阶段可能因时间紧迫或资源不足等问题没有经过充分的调查，导致缺乏足够的证据支持。证据在立案之前尚未完全获取，而检察机关过度依赖侦查机关提供的证据，如果前一环节证据获取过程受到拖延，就会导致后续阶段司法程序的空转。检察机关为了确保案件的公正，在案件审理过程中可能对先前收集到的瑕疵证据不断退查或补正，导致审理周期的延长。如果在后期发现证据不完整或存在问题，庭审可能会被迫中断，案件回到前一阶段进行返工，而这种循环会导致多次程序空转。

四、检察机关瑕疵证据处理的域外考察

（一）国际上的典型案例与经验

1. 美国

美国是非法证据排除规则的发源地，其中最著名的是"毒树之果"理论。"毒树之果"理论主张应当排除所有在非法收集证据基础上衍生的证据。[1]美国非法证据排除规则创立的目的是防止警察侵犯公民受宪法保障的权利。这是因为，在法治国家，个人权利的保护是至关重要的。如果警察在执法过程中侵犯了公民的宪法权利，如非法搜查、扣押或使用暴力等，那么这些证据的获取方式就是不合法的，根据非法证据排除规则，这些证据应当被排除在案件审理之外。然而，在实际司法实践中，有些律师会利用这一理论，试图将所有相关证据都排除，以达到逃避惩罚的目的，存在滥用"毒树之果"

---

[1] 李昌林、王景龙：《论可补救的排除规则》，载《现代法学》2013 年第 6 期。

理论逃避惩罚的情况，[1] 这在美国社会引发了巨大的争议。为了应对这种情况，美国最高法院制定了一系列的例外情况，以限制"毒树之果"理论的适用范围。美国最高法院在 20 世纪 80 年代作出了例外规定，有两种情形不适用非法证据排除规则，即基于善意侦查行为收集的证据以及最终发现或必然发现的证据。[2] 例如，如果证据的获取过程中存在轻微的违法，但该证据对于证明案件事实具有重要的价值，那么该证据可以被允许使用。此外，如果警察在执法过程中虽然存在违法行为，但其行为是出于合理的误解或失误，那么相关证据也不应当被排除。这两种例外情况的规定，既保证了公民的宪法权利不受侵犯，又避免了"毒树之果"理论被滥用的情况，从而实现了司法公正。

2. 德国

德国在刑事诉讼过程中非常注重发现真相，其主要目标是追求实质正义。因此，在证据排除方面，德国采取了较为宽松的标准。学界普遍认同"双重功能性诉讼行为论"，即区分程序合法性和实体真相，并按照实质层面和程序层面对证据瑕疵进行区分。[3] 德国学界认为即便证据是通过非法手段取得的，但只要具备真实价值，在实质层面上就依然可以被视作合法证据，只不过在程序层面会被否定。当今德国的司法实践中通常排除非法言词证据，但通过非法手段取得的物证在经过法官裁量之后，可以基于实质正义而予以纠正并采信。

3. 日本

对于违法取得的言词证据和实物证据，日本法律规定了不同的排除方法，即只有在违背宪法规则时，才对非法取得的实物证据采取强制排除措施，而对其他情况，需要法官综合考虑和价值衡量后，才能确定是去还是留。日本采取了"不自愿供述"的原则，即在被控人的口供存在重大嫌疑的情况下，才能排除非法言词证据。日本对瑕疵证据的处理主要有三种途径，即日本法律规定的补正、追补、放弃责问权等权利。补正主要适用于较为严重的错误，

---

[1] 黄朝义：《刑事证据法研究》，台湾元照出版公司 1999 年版，第 47 页。

[2] 任华哲、郭寅颖：《论刑事诉讼中的瑕疵证据》，载《法学评论》2009 年第 4 期。

[3] 陈浩然：《证据学原理》，华东理工大学出版社 2002 年版，第 452 页。

即修复有缺陷部分来排除瑕疵，该证据需要具备可以修复的依据；追补适用于较小的过失，其原因在于在取得证据前缺少一定的必要程序，这时可以通过追加措施来填补以前所欠缺的行为环节，对其进行补救；放弃责问权，是指一方不对瑕疵行为提出异议，自动地放弃了排除可能使自己权利受到损害的瑕疵证据的请求。[1] 对责问权的放弃有三个方面的限制，其中包括三种情形：一是由于当事人不知道有瑕疵行为所以没提出异议；二是由于缺乏法律知识而不了解可以提出异议；三是延迟提出异议。

由于各国的文化价值观、国情等方面存在一定的差别，各国在刑事诉讼过程中的价值衡量与定位出现了偏差。英美法对非法证据的排除具有很大的限制，其根本原因是在英美法系中程序公正居于主导地位，相比打击犯罪而言更倾向于保护人权；而大陆法系则更注重实质正义，违法获得的证据需交由法官自由裁量，在条件符合时对证据进行修正。与此同时，我国刑事诉讼中对证据的审查标准比较低，能够适用的纠错范围也比较广泛。这与大陆法系对实质公正的追求是一致的，大陆法系主张在必要的时候必须牺牲一定程度的程序公正，以达到实质公正的目的。尽管英美两大法系和大陆法系的立法中"瑕疵证据"概念与我国不完全相同，但均在一定程度上容许了某些非法证据的转换。可以说，世界各国关于证明制度的规定与我国有关证明制度存在缺陷的立法有着本质上的共同之处，值得我们借鉴。

（二）吸收借鉴国外立法经验的可行性和必要性

首先，世界上所有国家在确立证据排除规则时，都有一个共同的特点，即对侵犯宪法性的权利证据采取了最严厉的措施。对违反宪法的证据，在保障人权观念的基础上对其进行全面排除。在我国，以严重违法与否为根据来划分瑕疵证据与非法证据，但对违法性的判定却未必有很明确、统一的标准，在某种程度上是以法官的内心判断为基础的。因此，在认定"严重违法性证据"时，可以参照国外有关法律，从多个层面对"违法性"的认定进行深入、多视角的考量。其次，尤其是大陆法系国家违法证据的排除主要依靠法

---

[1] 宋英辉、杨光：《日本刑事诉讼法的新发展》，载陈光中、江伟：《诉讼法论丛》（第1卷），法律出版社1998年版，第170页。

官的主观判断，这给司法实践带来巨大的弹性和可操作空间。我国瑕疵证据的界定和处理主要取决于法官的自由裁量，所以在处理瑕疵证据时，法官应当不断加深对立法宗旨的理解，灵活运用，对瑕疵证据作出价值衡量。此外，英美法系对于非法证据的处理，也有将言词证据与实物证据加以区别的做法，一般是将言词证据的要求定得更高，而对实物证据的审查往往是在经过进一步的补正之后才予以采纳。在瑕疵证据补正方面我国可以借鉴参考这一类型，对于实物证据和言词证据设置区别的补正标准。因为在刑事诉讼中，实物证据有较言词证据更加稀缺和不可再生的特点，因此将其区别对待的做法也与当前的司法实践相一致。对于"毒树之果"理论，我们可以借鉴两大法系的做法，对其加以限制的同时亦不能照搬有关立法。对于由瑕疵证据派生出来的合法证据，应当根据初始瑕疵证据的补正情形加以区别。如果经过补正，瑕疵证据已经转化为合法证据，就可以直接采纳；在无法补正的情况下，应依据其违法性的大小来判定，若其具有高度的违法性，那么就有可能涉及衍生证据的真伪问题，应当排除，反之就可以采纳。

从中国特色社会主义法律体系出发，我们在价值追求方面不仅要考虑实体公正，更要注重程序公正。立法方面首创的"瑕疵证据"理念使得我国的证据制度更加翔实和完备。在应用瑕疵证据补正规则方面，借鉴国外先进经验的同时，应充分结合我国的实际情况，进一步完善我国的立法。

五、检察机关瑕疵证据处理的完善建议

新时代对检察机关的法律监督提出了更高的要求，检察机关应当最大限度地满足人民群众的法律诉求和期待。瑕疵证据作为一个"鸡肋地带"，在司法实践中经常成为审判机关认定证据不足的原因，很多判决、裁定、决定因瑕疵证据被简单粗暴地评判。因此，检察机关内部制度与流程在瑕疵证据的适用上显得至关重要。

（一）充分发挥检察监督主导作用，准确界定瑕疵证据的合法性

第一，厘清瑕疵证据形成条件。司法实践中瑕疵证据的形成原因有两个方面：一是有些现场遗留证据本身存在瑕疵，可利用的程度比较低，取得有

效证据的可能性较小；二是有些证据因后天的原因成为瑕疵证据，如犯罪嫌疑人故意毁灭证据，侦查人员因多种客观原因没能提取应当提取的证据或没有保存好证据等。因此，检察机关需要见微知著，积极探讨瑕疵证据的构成条件，从而发现证据的合法性。

第二，客观评价瑕疵证据的影响效力。我国《刑事诉讼法》第 50 条规定："可以用于证明案件事实的材料，都是证据。证据包括：（一）物证；（二）书证；（三）证人证言；（四）被害人陈述；（五）犯罪嫌疑人、被告人供述和辩解；（六）鉴定意见；（七）勘验、检查、辨认、侦查实验等笔录；（八）视听资料、电子数据。证据必须经过查证属实，才能作为定案的根据。"上述证据因形成条件等原因，可能会产生不同程度的瑕疵。在整个证据链条中，瑕疵证据处于关键地位，应当适用证据证明力强的证据，对关联性弱的证据应当及时排除。因此，检察机关必须深刻认识瑕疵证据的重要地位，客观评价瑕疵证据的影响效力，依法引导相关人员对瑕疵证据进行补救，保证案件可以得到公正的裁判。

第三，准确界定瑕疵证据的合法性。通常来说，证据的合法性是指客观、公正、自然形成的证据，在程序上体现在取证过程中的每一个步骤都要依法依规进行。在实体方面，只要排除人为的原因，证据的正当性就没有改变；在程序方面，人的因素就成了一个最重要的因素，比如由于办案人员的个人水平和工作能力等原因而产生的瑕疵证据，这些证据的合法性并不会因此而受到影响，却会对证据链条中的作用和证明效力产生一定的影响。

（二）强化检察机关监督职能的责任担当，瑕疵证据先补救后排除

检察机关作为公诉机关，是维护司法公正的一道重要防线，需要让人民群众在每一起案件中都能充分体会到公平正义的阳光，这是检察机关肩负的重大使命。检察机关应当积极主动承担法律监督职能与政治责任，深入研究瑕疵证据，做到不枉不纵。

第一，切实履行检察监督责任，对瑕疵证据加强补正。检察机关依法履行职能必须坚持以人民为中心，树立高度政治觉悟，充分发挥监督职能，完

善对瑕疵证据补正的工作。瑕疵证据补充得越充分，能够证实有罪无罪的可能性就越大，人民群众也就越满意。增强对瑕疵证据的充分补正并不代表要进行违法操作和弄虚作假，而是从事实出发实事求是，依法收集补充证据。

第二，提高检察监督水平，确保瑕疵证据补正的实效。瑕疵证据补正效果是检验检察监督的方法手段是否有成效的"试金石"。检察监督不能只限于立案、批捕、公诉和执行四个环节，还应当加强对获取第一手证据的侦查环节进行直接有效的监督，防止冤假错案的发生。新时代检察机关积极适应新形势的发展变化，不断探索检察监督的方式方法。这也正是瑕疵证据补正的关键所在。在推行员额检察官责任制之后，检察监督的职责也越来越重，检察监督水平提升的一个重要表现在于检察机关能够见微知著，及时发现案件中的瑕疵证据，并督促侦查机关对瑕疵证据认真补正，积极进行协调和沟通。

第三，发挥检察智慧，把关瑕疵证据适用。坚守检察监督的防线，认真把关瑕疵证据的适用，是兼顾政治性与业务性的一项任务。灵活运用检察智慧，即顺应新时代潮流，牢固树立检察机关应当履行客观公正的义务，严格落实司法责任制。员额检察官需要对法理深入理解和认识，认真审查瑕疵证据，坚决排除确实不能补救的有缺陷的证据，真正做到于法有据排除证据。

（三）贯彻检察监督主导作用，避免司法程序空转

由于缺乏充分的证据或者存在瑕疵的证据，在不同的审判过程中都会出现"诉讼空转"的现象。在立案、捕诉、庭审等各个环节不断地进行退回或者补充，导致案件迟迟不能判决，这对当事人的权利造成了极大损害，也极大地浪费了宝贵的司法资源。因此，检察监督应当认真探究司法环节中发生的重难点问题，及时纠正和解决司法各环节中的程序空转问题，争取在最短的时间内，给当事人一个满意的答复，让案件得到最大限度的公正。

第一，准确抓住立案阶段瑕疵证据补正时机，及早排除潜在危险。在立案和侦查阶段，由于证据是高度不确定的，故检察机关的监督往往相对滞后，

只能被动等待侦查机关的证据，而没有及时参与案件并获得第一手证据。这可能会导致立案之后发现证据的瑕疵或不足，错过了瑕疵证据最佳的补正时机。因此，检察机关需要积极主动介入前置环节的法律监督，切实掌握证据瑕疵问题，及时督促办案机关对瑕疵证据尽快补正，避免瑕疵证据的灭失。瑕疵证据补正的时机一旦错过，就会造成难以补救的严重后果，给后续案件的处理带来巨大的阻力。检察机关应当切记不要因为证据有瑕疵就简单处理，不予重视或随意放弃。

第二，仔细甄别捕诉环节瑕疵证据，强化捕诉监督避免冤假错案发生。检察机关在捕诉环节全面掌握证据材料，检察官在甄别证据的适用时起着主导作用。一般而言，充分、完整的证据不会引发过多争议，而瑕疵证据却容易引起较大分歧。检察机关切忌过度依赖侦查部门和侦查部门提供的证据认定。尤其在退回补充侦查的案件中，检察机关需适时主动介入引导侦查，必要时可以自行补充侦查。检察机关不应当草率地把瑕疵证据交给审判机关进行判决裁定，若检察机关的检察监督不能承担相应责任，检察监督就会流于形式。近年来很多冤假错案在捕诉环节的监督都没有得到很好地落实，只是注重了有罪证据，对于能够证实犯罪嫌疑人无罪的证据却不够重视。

第三，加强监督庭审阶段瑕疵证据适用，维护法律公平正义。在庭审过程中，检察机关作为公诉机关，并非完全是审判机关的从属，如果公诉人把自己定位为仅仅是完成出庭公诉的职责，会当然减损庭审中检察监督的效用。在庭审中，检察机关履行检察监督职能，不仅仅是单纯行使诉权，还是对程序正义与实体正义的监督。在瑕疵证据适用的相关案件中，公诉机关要同审判机关一道，对案件当事人及辩护人积极表达自己对证明有罪、罪轻罪重的看法，敢于明确自己的立场。在法庭审理过程中，对法庭认定的瑕疵证据，需要补充侦查或者补充提供证据的，发挥检察监督作用，对该证据及时进行落实。对穷尽各种措施后确实无法补救的瑕疵证据不要犹豫，果断对审判机关提出排除意见，防止矛盾接续到庭审中，坚定不移捍卫法律的公平公正。

本章通过实证研究与文献研究两种方法，以程序设计为切入点，深入探讨了检察机关处理瑕疵证据的机制。笔者认为检察机关瑕疵证据处理机制的制度建设是一个漫长的过程，在此呼吁这项制度需要在实践中不断探索改进，以使这一机制更加科学完善。本章中笔者只是对我国检察机关瑕疵证据处理机制提出了一些自己的见解，目的是更好地实现检察机关的诉讼监督职能，使检察机关担当好公诉人的角色，并推动《刑事诉讼法》在犯罪打击和人权保护方面的有机统一。

第五章

检察环节电子证据

随着互联网的迅速发展，其参与经济社会程度日益加深，电子信息技术逐渐成为商务活动、网上社交等的必备要素，由此产生的高新技术犯罪逐渐增多。作为大数据时代的主要产物，电子数据作为网络时代信息传递、事实记载的主要形式，在网络时代发挥着越来越重要的作用，因此电子信息流就逐渐变成能证明案件事实的重要证据，俨然成为信息化时代的司法助力。在检察环节，电子证据更是发挥了重要的作用，因此如何在检察环节对电子证据进行认证、审查、核实与运用成为检察机关面临的新课题。

一、电子证据的概念及类型

随着互联网在经济活动中越发重要，在大数据时代网络犯罪频发的形势下，证据的信息化表达逐渐成为新型案件办案趋势，以现代网络、计算机技术为基础的电子信息、数据在促进案件办理、证明案件事实的诉讼领域发挥着越来越不可替代的作用。电子证据定义为基于电子化技术生成，以数字化的方式存在，可以存储于光盘、磁盘、U 盘、外置存储卡、电脑、平板、手机等各种电子介质和设备之中，最显著的特点是可以进行多次复制。同时因为可以依托黑客技术不留痕迹地修改，并且依托于介质，电子证据有时也具有不准确性的特点，其不同于传统证据的最大特点是其依托于虚拟空间、数字空间，不同于传统证据所拥有的物理空间性。[1]

从法律实践和理论研究出发，这种以新的形态出现的证据形式，从本质上来说更强调证据的证明内容而非证明方式，这也对证实案件信息起到了关键作用。目前，我国已经在三大诉讼法中以明文规定的条文形式对电子证据在法律中的地位作了相应的规定，然而其具体的概念在法律上来看仍然单薄。[2] 通过与传统证据进行比较，可以看出电子证据具有独特的属性和表现形式，由此要根据电子证据的具体表达形式及分类以法律规定的方式进行具体划分，并结合相关的法律实践。截至目前，大致来讲，学界对电子证据类型的划分有以下几种：

第一，一些学者如刘方可等认为电子证据的本质特征是电子化，换句话说，电子证据是传统证据计算机电子化处理生成的证据。根据这种观点的立场，只要是与电子化和计算机处理相关联的证据，都应当并入电子证据的范围，[3] 在这里，笔者认为应当包括电子信息生成证据、存储证据和混合证据。

电子信息生成证据是一种比较客观的证据，通常指完全由自身程序事先设定的电子命令生成，由电子设备自身产生的具体数据自然产生的证据，它没有主观意志的干扰，具有相应的客观性。电子存储证据是由已存储在不同电子设备中的电子数据转化成的证据。混合证据则两者结合，是指由操作者对相应电子设备进行数据输入和具体操作，其输入电子数据经过电子设备自身程序的电子指令进行运算而得出的证据。[4]

---

[1] 刘品新：《电子证据的基础理论》，载《国家检察官学院学报》2017 年第 1 期。以何家弘、刘品新教授为代表的学者率先对电子证据的定义做了深刻的讨论，刘品新在《电子证据的基础理论》中强调了电子证据不同于传统证据的特点，即系统性的虚拟空间性和数字空间性。

[2] 洪翔、褚建新、包朝胜等：《技术性证据审查的实践路径——以浙江省检察机关为视角》，载《中国司法鉴定》2018 年第 5 期。

[3] 刘方可：《对电子证据的分类和表现形式的研究》，载《知识经济》2014 年第 7 期。刘方可对电子证据作论述时，将重点放在了电子化上面，认为电子化是区别于其他证据形式的本质特征。

[4] 孙雅婷：《浅论民事诉讼中电子证据的证明力》，载《法制与社会》2009 年第 13 期。孙雅婷对电子证据的形成过程产生的分类进行了说明，分为电子设备生成证据、存储证据和混合证据。笔者借鉴此种分类，将电子信息的作用加以注解，按照电子信息参与程度来划分。

第二，一些学者如孙雅婷等对电子证据的定义有不同看法，即通过信息化和电子化技术生成的虚拟化证据，以光盘、U 盘、硬盘、外置和内置存储设备、电脑、平板等各类电子设备作为存储载体，其可与载体分离而存证，并具有多次复制性，可以以拷贝的形式流通到其他存证载体的电子信息。从此观点角度出发，电子证据可以根据其是否具有相应的形态固定性以及流动性分为动态电子证据和静态电子证据，[1] 且该种电子证据必须具备可复制性、虚拟性、可分离性等特点。一般来说，动态电子证据指一种可以通过网络传输、电子设备传输或其他方式自由流动的电子证据，同时也可以通过网络传输或者设备交流进行实时交互。而静态电子证据则是可以被 U 盘等载体或者不同电子设备进行物理意义存储，也可以在网络中进行固定的电子证据，这些可以进行证明事实的数据流往往处于比较固定的一种形态，被存储在特定的载体或媒介上，具有相对稳定性。综上，这种观点认为电子证据主要是通过各存储载体进行存储，并具有可复制性、可分离性的电子数据，[2] 并且根据其是否具有固定性可以分为动态电子数据和静态电子证据，相对于静态电子证据，动态电子证据因其流动性，应当及时截获，促进时效性。[3]

第三，有学者认为，根据电子证据大体产生的方式、存储的媒介不同进行分类，[4] 大体而言，其认为电子证据包括但不限于下列信息、电子文件：

（1）文字生成性电子证据：由操作者通过不同文字类处理系统而生成的文本型文件，一般由不同的文字、表格、标点、图表、符号组成。同时，注意因不能兼容不同文字处理器生成的文件（如 Word、Microsoft、WPS 等）而转化使用不同代码规则形成的文本文件，可以作为电子证据使用。

---

[1] 李富成：《刑事证据分类新探——兼论静态证据与动态证据》，载《中国刑事法杂志》2013 年第 3 期。

[2] 张希倩：《电子数据证据在检察实务中的研究与应用》，载《现代商贸工业》2018 年第 13 期。

[3] 李富成：《刑事证据分类新探——兼论静态证据与动态证据》，载《中国刑事法杂志》2013 年第 3 期。

[4] 孙雅婷：《浅论民事诉讼中电子证据的证明力》，载《法制与社会》2009 年第 13 期。孙雅婷、饶庆松等根据电子证据形成的过程、依据的介质进行分类，形成大致的范围。

（2）图形生成性证据：由专门的计算机软件及系统辅助设计或制造生成的图形式数据使电子数据更直观，可以作为电子证据使用。

（3）数据库存储生成性证据：经过数据库系统的输入存储，由不同原始数据及电子记录经过整理汇总的存储性的文件。

（4）程序类电子证据：程序类的文件大部分为电子设备的内置性应用，包括应用软件、整体系统及其他电子设备软件等。其包括但不限于部分文件、网络财富、个人信息等。例如：①个人在 QQ 空间、微博、抖音、快手、小红书、微信朋友圈、网盘、贴吧等网络应用软件和平台发布的电子信息；②软件通信、应用数据、邮箱邮件、评论记录、群聊记录、聊天信息等采用网络应用服务的通信类信息；③身份信息、网络购物信息、用户认证信息、面容指纹信息、软件转账信息、通信记录、历史购买信息、登录日志等个人隐私信息；④文档文件、图片、语音、视频、数字性证书、计算机软件等电子文件。

（5）综合视听类文件：通常表述为"多媒体"的文件，通常经过扫描、识别、录音录像，即视频捕捉、音频录入等综合方式编辑而成的电子文件。

此种观点对于电子证据的定义对现实案件处理具有较大的指导意义，检察机关可以参照适用该观点进行提取和应用。

第四，有学者认为，电子证据应根据单独证明力的大小，分为直接电子证据和间接电子证据，参照《民事诉讼法》中直接证据和间接证据的规定，类推的方法推定直接电子证据应当是对案件的主要事实具有单独证明力的电子证据。与之相反，间接电子证据不具有单独直接证明案件主要事实的证明力，只能作为辅助证明，与别种证据相结合才能进行案件主要事实证明。[1]

学界对此提出争议，认为几乎所有电子证据都必须与其他证据相结合形成证据链，因而没有电子证据能够直接证明案件的主要事实，所以电子证据不是直接证据而是间接证据。[2] 这种观点有其合理之处，然而这是因为目前

---

[1] 唐东、侯代斌：《电子数据证据——兼谈我国电子数据证据相关规定及完善》，载《中国刑事警察》2005 年第 5 期。

[2] 孟思、吴贺滨：《浅析电子证据在民事诉讼中的应用》，载《法制与经济（中旬）》2014 年第 6 期。孟思、吴贺滨等在论述民事诉讼中电子证据证明力时对直接电子证据和间接电子证据做了相关论述，并对其证明力与直接、间接的关系做了深入浅出的讨论。

电子证据证明力还处于一个不被认可的状态，对此，笔者认为不能拘泥于证据的载体形式是否为电子证据，而应该将能否单独证明该案件的主要事实来作为审查某证据是否为直接证据的关键。因为在如今互联网犯罪增多的情况下，许多案件电子证据无须其他证据辅助，可以直接、单独证明该案件的主要事实，这时就应当抛弃对于电子证据证明力的偏见，认定该电子证据是直接证据，当然仍需借助合法技术手段审查判断电子证据的安全性，慎重作出判断。

二、检察环节电子证据的认定标准

随着三大诉讼与电子证据的联系越发紧密，为提升电子证据的可采性，检察机关根据电子证据的"三性"特征，即真实性、关联性及合法性等多个方面进行认证，以此解决进入诉讼程序、证明活动的电子证据标准问题，以及排除不符合标准电子证据问题。作为由三大诉讼法进行规定的法定证据，电子证据也应当以"三性"作为认证规则进行法定认证。同时，《民事诉讼法》第106条作出规定，对于一般证据的合法性做了实质上的认定，即由法官对违反法律法规、禁止性规定、违背社会公序良俗而作出的证据不予采纳。此条对传统证据作出了一般性的规定，但是对于具有特殊性、虚拟性且随着技术发展不断复杂化的电子证据，不能只采用一般性的合法性认定，应当考虑其认证的特殊性。可以参考最高人民法院于2022年1月发布的《人民法院在线诉讼规则》对于智慧化建设背景下证据材料的规定，其明确指出，各级法院、检察院应运用先进的技术手段，逐步提升智慧化水平。对于证据材料，要遵循第21条、第23条的相关规定，利用区块链手段、区块链平台来检验电子证据的合法性，并通过区块链存证证据促进对合法性、真实性、关联性的核验，以此不断提高智慧法院工作的效率和质量。在区块链、大数据、云平台不断提升发展并与证据结合的背景之下，为顺应当今互联网时代的电子化、信息化趋势，审判机关及检察机关应当不断促进高科技的应用，推进在线诉讼、电子化证据在司法实践中的应用并推进规模化发展，以此形成智慧化优势。但从当下我国检察机关、审判机关对电子证据应用状况来看，我国普通的检察机关、审判机关电子化、信息化、智慧化程度尚存在不足之处，且由于发展不均衡因素的不利影响，电子证据普及性有待提高，目前解决当事人的纠纷仍然以线下证据提交、诉讼为主，电子证据、区块链证据、在线诉讼适用的领域范围有待扩大。因此，对于电子证据的"三性"认证程序的普及与优化，我国检察机关、审判机关有待提高相应水平。

（一）电子证据的客观（真实）性认证

电子证据的客观性认证也可以叫作真实性认证，是证据"三性"中的基础性认证，其内涵为电子证据可以与客观存在的事实相互印证、对应。与一般性的客观（真实）性认证不同，电子证据以其特殊的虚拟性、电子化的特性成为目前司法实践中的热点问题，也是学界比较关注的问题，目前还没有达成对于电子证据真实性认证的共识性观点，对于电子证据的客观（真实）性认证，主要有如下几个流派：

其一，以刘译矾为代表的流派认同形式内容鉴真，他们提出应从形式真实以及内容真实两方面进行判断，即从电子证据的形式表面及具体内容两方面出发进行判断，[1] 且兼顾虚假证据排除，对于虚假、假冒的电子证据排除适用。

其二，由王红霞、李威娜、熊志钢[2] 等提出的电子证据真实性应当包括三个层面，具体为载体的真实性、数据的真实性及内容的真实性。[3] 从域外实践来看，通过自认、证人具结、推定与鉴定方式四种方式可以判断电子证据的真实性。[4]

其三，刘译矾博士在研究电子证据的鉴真二重性时曾提出，电子证据进行鉴真时，应当适当参考电子证据的特殊性，对其载体真实性和内容真实性

[1] 刘译矾：《论电子数据的双重鉴真》，载《当代法学》2018年第32期。

[2] 王红霞、李威娜、熊志钢：《机遇、挑战与规范——论区块链证据的司法审查规则构建》，载《贵阳学院学报（社会科学版）》2020年第3期。

[3] 奚玮：《我国电子数据证据制度的若干反思》，载《中国刑事法杂志》2020年第6期。

[4] 张卫平：《民事证据研究》，清华大学出版社2004年版，第32页。

两方面进行认证，从而保障电子证据对于案件的关联性和真实性。[1]

其四，褚福明教授则对于电子证据真实性有其他的看法：电子证据的真实性认定应分为三个层面，即电子证据载体的真实性、内容的真实性、数据的真实性。[2] 而其观点近年来也在实务界取得较大影响力，以褚教授为代表的三层次流派促进了电子证据"三步法则"的出现，进行真实性审查，即对电子证据的具体载体、数据以及内容分别作出真实性审查。[3]

综上，可以看出我国并没有对电子证据真实性认证在立法上确定标准。但综合我国的司法实践，电子证据内容真实性认证仍然只注重电子证据的原件，忽视本身证明力的特点。电子证据具有易篡改性、易复制等特点，在生成、复制等环节不能确保文件安全，由此对于其证明力产生了一定的减损，对其内容真实性认证存在公信力不足的问题，这往往对当事人提出了提供原件的特殊要求。换句话说，电子证据本身的特殊脆弱性，使电子证据在鉴真上会受到数据内容是否为真、证据是否为原件、运输复制是否具有真实性等一系列环节的质疑，从而影响电子证据的采信率。由此，解决电子证据的易篡改性和脆弱性等问题并从根源上减少此类问题是司法实践中提高电子证据应用率的关键。

（二）电子证据的关联性认证

证据的关联性认证是电子证据"三性"认证中的基础性问题，其内涵是相应的证据材料与案件的主要事实是否具有相关性、是否标的一致且与待证明事实相关。电子证据的关联性与证据的关联性既有联系也有区别，何家弘教授曾经对于电子证据关联性认证发表看法，认为电子证据的判断方法与传统证据关联性判断方法一致，是一个事实性问题。[4] 受此启发，学界对于电

---

[1] 刘译矾：《论电子数据的双重鉴真》，载《当代法学》2018 年第 32 期。

[2] 褚福明：《论电子证据真实性的三个层面——以刑事诉讼为例的分析》，载《法学研究》2018 年第 4 期。

[3] 褚福明:《论电子证据真实性的三个层面——以刑事诉讼为例的分析》，载《法学研究》2018 年第 4 期。

[4] 何家弘：《电子证据法研究》，北京法律出版社 2002 年版，第 90 页。

子证据的关联性认证提出了"双联性原理"进行认证，这是结合电子证据的可分离性而提出的概念，它和一般性证据的认定标准存在明显的差异。电子证据本质上并非可以存在于物理空间的"物"，不能通过触觉和视觉进行直接的识别，其是由二进制代码"0、1"组成的电子数据信息，内容储存于虚拟空间，经由电子设备等载体呈现。因此，要对其进行关联性认证需从内容关联性和载体关联性两方面出发。

学者张宇提出，电子证据关联性不仅需要内容性认定，还要作辅助性认定，如对电子设备的运行情况、使用状况、使用者信息进行认定，这就是电子证据关联性认定的关键，即与现实的关联性的认定。[1] 在司法实践中，电子证据的数据信息通常存储在不同的信息平台上，由于平台运行过程中会有大量信息留存，电子证据的认证经常面对海量的电子数据，在此基础上寻找关联性对检察机关、审判机关来说，是比较大的困难与挑战。此外，不同当事人、检察机关和审判机关工作人员由于参差不齐的计算机素养影响电子证据的保存水平，由此对电子证据内容的关联性认定产生影响。电子证据的收集、提取、保全由于其特殊性而对其提取者具有专业素养方面的相关要求，如果由对电子专业知识了解较少的诉讼主体操作，电子证据内容的相关性、专业性，载体的相关性认证也会受到相应的影响。由此，应当考虑这些相关因素，结合电子证据的特殊性、无形性构建相应的电子证据载体关性证据规则，以更好地促进法官认定电子证据关联性、发现案件事实，促进案件办理率提升，保护当事人合法权益。

总体而言，对证据载体的关联性审查更注重电子证据虚拟空间的信息内容的关联性，由办案人员来判断电子证据在社交软件、留言评论中的 IP 地址、身份认证、行为性质等与客观案件待证明事实中的当事人地址、身份、动机行为等方面是否一致或者是否存在经过逻辑演绎的高度盖然的关联。而对于电子数据的内容关联性审查，其与传统证据内容的认证方法差别不大，属于物理空间的法律推理与判断，可以由办案人员经过经验方法进行判断，

---

[1] 张宇：《论电子数据证据的真实性认定》，载《中国社会科学院研究生院学报》2016 年第 3 期。

即要求电子证据的数据内容要与待证事实相符合或者高度相关，其关联性能通过合法合理的演绎推理、逻辑认定等方式达到民事诉讼的证据标准——高度盖然性。[1] 由此可知，电子证据关联性认定与传统证据的关联认证不同之处的关键在于对虚拟空间关联性判断的认知，也即载体关联性的认定。然而，现有的立法中没有对电子证据载体相关性认证作出具体规定，这也使得法官容易略过或者混淆电子证据认证过程中的载体关联性认定问题。为了充分保证法官能够更准确地认定案件事实，更好地保护当事人的合法权益，有必要在电子证据载体关联立法中结合电子证据的特殊性，构建相应的电子证据载体相关证据规则。

（三）电子证据的合法性认证

由我国《民事证据规定》第 87 条第 3 款进行推定，证据的合法性应满足形式、来源合法，由此电子证据的合法性认证应为，电子证据应当满足形式合法及实质合法两方面，包括收集主体、程序合法和证据形式合法。因我国部分诉讼法已将电子证据明确列为合法证据，所以电子证据的形式合法性条件满足。对于电子证据实质上的合法性审查，要对电子证据收集主体和收集程序进行合法性认定。但从我国目前立法角度来说，对电子证据的收集程序和收集主体没有在法律上作出明确的规定，也没有结合电子证据的特殊性来作出相应的回应。所以实践中对于判断电子证据的合法性还依赖传统的证据合法性判断路径。[2] 但由于忽视了电子证据的易篡改性和可复制性等特征，这些规则既不能保证充分收集电子证据，也不能对电子证据的合法性作出充分判断。

其一，电子证据的收集主体因普遍计算机素养不高而缺乏相应的收集能力。电子证据的高技术水平性质和其易篡改性，对其收集数据主体有一定的专业要求，即一定要具有相关的计算机技术水平，以此保证收集的程序合法性。但从具体的司法实践来看，我国大部分案件的电子证据收集的主体合法，

---

[1] 刘品新：《电子证据关联性》，载《中国检察官》2017 年第 9 期。

[2] 何家弘、刘品新：《证据法学》，北京法律出版社 2004 年版，第 89 页。

当事人居多，但他们大部分对于专业的收集程序不了解，对于收集内容不熟悉，反而对合法性审查有所损害。这种情况的多发也使得为及时满足案件中电子证据需求，反而会使得部分当事人忽略合法性，为求快速使用非法手段来收集电子证据。

其二，电子证据的非法证据排除规则不明朗。在互联网快速发展的大背景下，电子数据经常涉及隐私信息，为获取电子证据有时会对他人隐私信息有一定的侵犯而损害合法性。基于此，对于其实质合法性的认证，会涉及比例原则，也即电子证据的利益衡量问题。然而，由于对电子证据的非法证据排除尚未明确规定，检察机关和审判机关对于电子证据与隐私信息的衡量陷入僵局，即对电子证据的合法性判断说服力遭到削弱，而对于电子证据的合法性认定出现问题。所以，立法不仅应对电子证据的收集主体和收集程序作出合法性要求，更应当建立相应的非法电子证据收集排除规则，以促进审判机关、检察机关电子证据的合法性认定达到更好的效果，保证案件事实的查明，确保案件判决结果的合法与公正。

三、电子证据对检察工作提出的挑战

在职务犯罪、互联网犯罪和部分经济犯罪中，不论篡改与否，随着技术的进步，犯罪嫌疑人大多会留下电子数据的犯罪痕迹，有效恢复、提取、固定、检验电子证据对于相关案件的侦破起到了关键性作用。但目前的电子证据审查工作仍有不足，很大一部分检验技术人员对于电子证据的审查与应用仍旧止步于实质性审查，只进行形式审查，即证据来源、提取状况、提取时间、封存人员等，但对于电子证据的提取、固定、认证与审查等技术性工作不够精准，部分基层甚至中级检察机关在电子证据的实践应用方面仍然存在一些问题，不仅限于电子证据审查的有限性，在电子证据的取证、固定方面也缺乏统一的规范标准。同时，传统证据存在留痕性，特别是物证、书证等，删除、改动都会留有痕迹，而电子证据由于其无形性、不确定性会导致其易于复制、克隆、删改，且在检察机关检验技术力量较弱的情况下，有时会对由黑客技术删改痕迹等技术性行为难以诊断，给案件的侦破增加了很多困难。在高科

技犯罪、互联网犯罪频发的大背景下，电子证据的应用对检察工作提出了新的挑战。

（一）电子证据认定相关法律法规仍有待完善

对于电子证据的"三性"认定，大多集中于客观（真实）性认定方面，对于合法性、关联性认证的规定仍旧不足。以《民事证据规定》整体为例，除电子证据真实性认证细化较为完整外，对于电子证据的其他二性认定存在明显不足，不仅没有细化规定，而且忽略了电子证据的易篡改性、无形性等特殊性。由此，审判机关、检察机关在进行电子证据的关联性、合法性核验时，往往缺乏相应的法律依据，不得不引用传统的证据认证条文进行推定性适用，但由于涉及电子证据案件的特殊需求，这种推定适用显然不能促进电子证据的充分认证目的实现，也不利于还原案件事实，维护公正。同时，即使真实性认证有相应的依据，但实践中仍情况多变，现有立法无法满足，事实上仍然存在电子证据真实性认证适用难的问题。

（二）大数据时代，电子证据取证意识缺失，专业电子证据提取、检验人才缺乏

首先，部分侦查人员缺乏电子证据取证的意识和能力，难以适应大数据时代高位运行的互联网案件破案需要，大部分基层检察机关缺乏专业电子证据检验人才。其技术工作及创新能力与现代的互联网发展不相适应。同时，目前的专业电子证据管理人才编制缺乏，这与越来越急迫的检察机关电子证据应用需求不相适应。特别是一些欠发达地区的检察机关，因受编制数量的限制，有的甚至被检察机关机构改革波及，使信息技术部门处于边缘状态，易导致信息技术工作在检察机关不断被削弱，更使得检察机关的电子证据工作运用、普及工作受到影响。

其次，很大一部分检察机关在提取、认证、固定电子证据的技术上仍有不足，其办案的方式受传统取证模式影响较深，尽管目前出现取证模式向客观性、电子化证据取证转变，向现代诉讼证明方式转变的趋势，但与庞大的电子化处理的现实需求相比，仍存在较大差距。有时即使部分案件办理人员

意识到电子证据的取证、检验等措施的必要性，但由于对于电子数据取证和检验工作的了解、学习、接触还比较少，专业知识较为匮乏。[1] 而电子数据涉及的内容范围又十分广泛，不仅包括电子数据恢复、电子数据分析，有时还要通过不同的载体进行手机取证、iPad 取证、密码破解等内容，对检验科技术人员的专业水平要求较高，这就与大部分检察机关的检验科现状不相适应，检察机关的相关人员很难做到短时间内将电子证据的取证、检验等工作的水平提高到适宜的程度，[2] 使得很大一部分案件中的电子证据的取证、固定、检验、存证等存在较高的流失或者被篡改的风险，给破案造成很大的困难。

再次，电子数据的技术人员与侦查人员的沟通、融合较为粗糙，彼此配合尚有很大的提升空间，往往情况是技术人员具备技术能力，但缺乏对案情的了解，面对有时简单有时困难的委托要求，难以抓住案件重点，更遑论主动发现有价值的案件线索。而检察人员虽熟悉案情，但由于工作重心、知识结构所限，难以真正地沉下心提高技术，使大部分案件对于电子证据的处理仍然停留在侦查人员现场提取、扣押上，对于电子证据专业的固定、检验仍存在较大的不足，常常漏掉一些引导案件办理方向的线索，也缺乏专业人才的检验与研判。这种一定程度上称得上是粗放的取证模式，大大局限了电子证据提供的线索、证据价值。

最后，现实中检察环节的电子证据检验工作同检察机关破解案件的实际要求仍然存在很大的出入。这当然一方面由于信息经费投入不足，专业人才缺失，对电子证据重视程度不够等；另一方面尤其部分地方的检察机关，因为受编制及机构改革的影响，不仅对检察技术工作不够重视，有时甚至疲于破案的压力，放弃电子证据的应用，在办案时倾向于采用传统方式。这不仅在一定程度上削弱了检察技术工作的地位，更使电子证据检验等检察技术部门陷入了人才大量流失、办案机制阻滞的境地，大大阻碍了电子证据

---

[1]　楚挺征：《电子数据证据在检察机关案件办理工作中的运用——以修改后的刑事诉讼法为视阈》，载《云南社会主义学院学报》2014 年第 3 期。

[2]　王敏远、祁建建：《电子数据的取证、固定和运用的程序规范问题研究》，载《法律适用》2014 年第 3 期。

在检察环节的正确应用。同时，也使得能够取得真实数据的潜在证人[1] 缺少配合。

（三）检察机关电子取证过于被动，收集主体不明确、缺乏意识，电子证据的时效性、准确性不能保证

电子证据从某种程度上来讲，是由动态的、断续的二进制代码组合而成的能够证明案件实施且符合证据规则的电子数据流，但由于二进制代码的易篡改性、无实体性、可复制性，对其进行收集、传输、复制的环节容易被篡改进而失去真实性。这也对电子证据的收集主体提出了相应的要求，不仅需要基础的法律知识，更亟须具备一定的电子信息素养。但我国目前的相关法律法规并未对电子证据的收集主体及程序、传输提取主体及手段作出细致规定，某种程度上呈现无法可依的局面，即收集主体、程序，传输主体、手段是否合法、相关联是不明确的。这不仅导致审判机关、检察机关、当事人的电子证据提取面临相当大的困难，也会因无法可依使得电子证据缺乏相应的背书，证明力存疑，以至于在司法实践中往往不被采纳。例如，发生在2016年的云南某投资开发有限公司与蒋某义的委托合同纠纷一案[2] 中，针对该案的重要的争议焦点问题，即当事人之间是否存在佣金支付的案件事实，原告向该市审判机关提交了录音形式的电子证据用以证明该争议焦点，而被告则针对该份证据的合法性进行答辩，辩称该录音式电子证据是在其不知情的情况下录制的，应进行非法证据排除。但该项答辩经审判机关审理被认为不符合非法证据排除的规定，同时因被告只是提出合法性审查要求，对于录音资料形式的相关电子证据的真实性已经进行认可，故审判机关应予以采信。由上可见，审判机关在审理该案时没有着重对于电子证据的收集程序合法性予以排查，而依靠当事人之间的举证责任分配决定采信与否，可知忽视了取证程序的合法性，有些草率，也体现了司法实践中对于电子证据的态度还不

---

[1] 潜在证人是指不能证明案件的事实但可以对电子证据中涉及的内容具有真实性判断与证明的人，通常包括监视数据的管理人、计算机的使用者、计算机程序编制人员等。

[2] 山西省太原市中级人民法院（2020）晋 01 民终 5581 号判决书。

够明晰。按照合法性审查的要求，应当对取证主体的合法性及在电子证据的提取、收集过程中的手段方式进行合法性排查，假如该案原告以侵犯对方当事人合法权益的方式进行取证，案件的审理人都应以合法性审查不通过为由，启动非法证据排除程序，而不以证据具有真实性为由忽略合法性审查。但显然在目前的司法实践中，合法性审查的意识还远远不足。

电子数据是在电子设备运行的过程中产生的信息流，电子数据从形成到获取，间隔的时间越少，电子数据被修改或者破坏的可能性就越小，时效性越强，相应的可采性也越强。即使电子数据被修改、删除或者破坏，因为运行时间越短，数据重复读写次数少，通过技术手段加以恢复的可能性也就越大。但在司法实践中，部分侦查人员，尤其是基层案件办理人员，没有经过专业培训的比比皆是，由此缺乏电子证据检验意识，没有及时对相关的电子设备进行扣押，且有些人员在取证过程中的粗心大意、技术不当、提取过程中时间过长都会导致电子证据的时效性大打折扣。[1] 部分技术人员取证水平较低，没有经过系统的培训，以致一些潜在的线索没能被提取出来。同时，有些案件需要争取如记录计算机及外设使用状况的人，对数据输入进行监控的管理人等潜在证人的配合，也会导致时间上的延宕，减损电子证据的时效性、准确性。

（四）电子证据在审查问题上的"瓶颈"审视

1. 审查程序有待规范，审查标准亟待统一

对于审查程序，最高人民检察院曾专门发文提出，要"实行技术性证据专门审查制度"[2]。这不仅对电子证据言明了具体的转型方向，也为其他技术性程序改革指明了目标。同时说明检察机关、审判机关在审查证据时，一方面要确认电子证据的内容真实性，另一方面要确定来源合法性。因此，检

---

[1]　马梦鸽：《检察实务中的电子证据问题》，载《法制与社会》2018年第14期。

[2]　2016年，"两高一部"出台了《关于办理刑事案件收集提取和审查判断电子数据若干问题的规定》，对电子数据类技术性证据审查作了规范。同年最高人民检察院发布的《"十三五"时期检察工作发展规划纲要》，明确提出要"实行技术性证据专门审查制度"，开展技术性证据专门审查改革。

察机关在收集证据时需要考虑这两个方面的要求，即在进行技术性证据审查时，技术人员应当更多地考虑电子证据的真实性、合法性审查，以辅助检察官更好地侦破案件，促进诉讼顺利进行，同时提高侦诉之间的配合度。

首先，因为缺乏具体的审查程序和统一的审查标准，实践中对于电子证据的"三性"审查工作没有合适的程序规范，检察机关、审判机关会在部分案件中对于电子证据的审查呈现无序状态。[1] 同时，检察业务部门如公诉机关等对于电子证据审查的委托存在较大的任意性，检察机关技术人员开展电子证据的形式审查和内容审查过于简单，审查方式不统一且随意，审查质量和效果无法得到保障，目前审查的产能极大落后于实务中庞大的对于电子证据的技术性审查需求。[2]

其次，检察机关的电子证据技术性审查受外界影响大，检察机关技术部门开展电子证据"三性"审查的受理及不受理的具体要求不明晰，导致部分审查需求无法释放，对于审查期限也没有作出严格规定，甚至部分仍有争议的电子证据因受案外因素影响导致无法开展审查。实践中，往往对于一些简单表格式的案件，某些技术人员既不对送审人提出的涉及技术性证据的技术问题进行分析、解释，[3] 也没有对案件的进展提出有益的建议，如不明确技术性证据是否重新鉴定或者提供补证等下一步处理意见。而仅仅是对原鉴定意见作出简单的"同意"或"不同意"审查意见，不能充分发挥主观能动性。

2. 参与审查的第三方平台资质缺乏相应的判断标准

随着互联网经济的迅速发展，对于相关案件电子证据的真实性、合法性鉴定需求不断增加，对于审查必需的专业的认证机构提出了要求，即第三方平台机构资质的中立性和专业性。目前，对电子证据的技术性证据审查等关键环境缺乏具体明确的法律规范，导致司法实践中极易出现"各自为战"。尤其在第三方网络认证平台方面，第三方电子证据网络认证机构和专业鉴定

[1] 谢登科：《电子数据的鉴真问题》，载《国家检察官学院学报》2017年第5期。

[2] 韩索华、何月：《检察机关电子证据检验鉴定实证研究》，载《法学杂志》2011年第11期。

[3] 洪翔、褚建新、包朝胜等：《技术性证据审查的实践路径——以浙江省检察机关为视角》，载《中国司法鉴定》2018年第5期。

机构平台的资质问题和中立性问题往往是审判机关审查判断电子证据真实性、合法性、关联性中不可或缺的一环。

从现行司法实践角度来讲，无明确第三方网络认证平台审核标准所带来的适用不统一，一方面的确有其积极的一面，如未将第三方网络认证平台资质标准完全锁死，这将为现行专业鉴定平台和网络认证机构的标准的相关法律适用留下较大幅度的自由裁量；另一方面由于其过于宽泛的规定，在类案审查时给司法工作人员带来的困境远远大于其看似的有益之处。同时还极易导致各地审判机关对第三方存证平台资质审查标准不一、观点迥异，同时各地审判机关也会因标准不同，否定电子链证据的真实性，造成同案不同判。类似的电子证据审查不明条款还多种多样地充斥着大量电子证据的专业化领域的技术规范要素，司法人员要想顺利办案，无疑要将相当一部分精力放在不擅长的无明确指引的技术审查上，脱离法律规范要素，从而带来不利的审查后果。

3.对使用非法手段获取的电子证据缺乏必要认定标准和制裁措施

电子证据的诞生对于证据理论来说像互联网给世界带来的冲击一样，在改变维权手段的同时，也必然会对传统的取证方式、证据规则产生巨大的冲击。

新兴的电子证据能否与传统的证据规则相兼容是个关键的议题，如非法证据排除在我国传统证据规则中占据重要地位，在《最高人民法院关于适用〈中华人民共和国民事诉讼法〉的解释》（以下简称《民事诉讼法解释》第 106 条和《刑事诉讼法》第 56 条中，对使用非法手段（即收集证据的程序或手段不符合法律、行政法规、地方性法规）而获取的，甚至部分检察机关公诉人、法官认为在实践中采取违背公序良俗的收集方式和程序取得的电子证据也是非法证据。如前文所述，电子证据并非一种新生的证据种类，2012 年修订的《民事诉讼法》在第 63 条中作了有关"电子数据作为八种民事诉讼证据之一"的规定，而该法条规定的"电子数据"与"电子证据"的概念区分，如前所说，即作为"电子证据"可以包括电子数据的形式，但要"电子数据"被定义为电子证据，必须满足一般证据的需要即真实性、关联性、合法性等特征。如此看来，满足证据特征的电子数据成为电子证据,而具备合法性特征的电子证据必须适用现行传统的证据排除规则,取证主体合法、取证方法合法、调查收集程序合法,在电子化前、电子化后和固定前、固定后的不同阶段,都必须满足证据的三大属性,总之,未被篡改、破坏的电子数据,与事实具有关联性且调查、收集、认定都符合程序,就具有证据的三大特征,而互联网技术的兴起也为电子证据的应用提供了相应的条件。

然而,针对电子证据的非法证据排除规则尚未面世,电子证据也有其固有的特点,其证据本身的内容与载体发生了较大的分离,对于传统证据的非法证据排除规则存在取证、收集、审查、认定上的较大不同,不同于传统证据从一而终的内容与载体合一,此时需要考虑电子证据的特殊性予以具体适用排除规则。而电子证据本身具有无形性,易篡改、易灭失,具有很强的不确定性。一方面,嫌疑人如果精通黑客技术,很容易删除、粉碎、篡改相关证据,[1] 肉眼能识别的记录追踪线索也由于计算机的自动生成而告中断,失实可能性由此增强;另一方面,电子证据的不确定性也为其合法性蒙上阴影,有的嫌疑人甚至可以伪造相关证据信息,增添执法人员和法官对电子证据的不信任性,减损其合法性,面临非法证据排除规则滥用的泥潭。

而对于违法情节较为严重、侵害了极为重要的法益或违反了法律确立的禁止性规定的证据,强制性排除适用于收集、提取过程会使其面临失去真实性、合法性、关联性等证据基础特征的严峻挑战,[2] 此时如何确定非法电子证据认定的必要标准,如何在认定规则的基础之上确立必要的制裁措施成为我们应当讨论的重要问题。

（五）电子证据的证明力存在相关问题

电子证据的证明在越来越多的案件中起到不可替代的作用,其与其他类型证据相互印证能起到较为关键的证明效果,有助于加强指控效果,促进案件办理率的提高,因此其证明力的大小是案件采纳电子证据时关注的比较重

---

[1] 谢登科:《电子数据的技术性鉴真》,载《法学研究》2022 年第 2 期。

[2] 卞建林:《证据法学》,中国政法大学出版社 2000 年版。

要的问题。

然而在实践中，因电子证据具有无形性、易破坏性、易篡改性的特点，有时需要争取如数据管理人、计算机程序编制人员等对涉及内容的真实性具有判断和证明力的人的支持，这类人也被称为潜在证人。因此即使通过技术手段由侦查人员收集到电子证据，但遇到当事人或者潜在证人不愿意确认电子证据效力的情形，根据当前的证据证明规则，该份电子证据的证明力也会大打折扣。

同时，衡量电子证据的证明力大小，主要通过电子证据载体的关联性和信息的关联性来具体问题具体判断。首先，如同前述，要对电子证据的载体关联性进行判断，关键是对其虚拟空间中的不同要素与现实中案件发生时的要素判断是否相关，这些要素包括行为、IP 地址、操作人身份等。如果具有较大关联性，则该项证据的证明力相对较大。其次，对于电子证据信息内容关联性的判断同传统证据关联性判断高度相似，即判断该电子证据与待证事实是否存在相对一致，一种客观的关联程度。同时，是否能通过事实演绎、逻辑推理、法律论证来具体研判电子证据和待证事实是否能到达民事诉讼中高度盖然性的标准。[1] 若此项条件达成，则该项证据在案件中具有较高的证明力。

然而目前检察机关案件办理人员法学水平次参差不齐，且以法学以及其他文科类专业背景出身为主，检察机关技术人员较少，且在实务中受重视程度不足。同时技术人员与案件办理人员合作交流不足，技术人员只根据案件办理人员要求对部分线索进行检验，由于对案情了解较少，即使查到部分新的线索也会由于对案情了解不充分、不具体而导致线索流失，双方的沟通不充分也会使检察机关在探究电子证据取证与证明力判断时受到很大制约，电子证据的证明力很难得到有效提升。

---

[1] 姚太明：《关于电子证据可采性与证明力的若干问题探讨》，载《审计研究》2005年第 1 期。

四、检察环节电子证据的完善建议

（一）加大力度培养取证、检验人才，促进电子证据与大数据时代相适应

1. 提高检察机关电子证据取证、固定、检验意识，培养相关人才

第一，检察机关信息技术部门的工作人员不仅需要基础的法律知识，更要学习相关的计算机技术专业知识，才能在电子证据相关的案件中更好地对电子数据取证并审查，才能更准确地认证电子证据"三性"以促进案件审理。同时不断深化科技强检理念，坚持以检察业务需求为指导，立足检察业务工作本身。在检察机关人员紧缺的现实背景下，为提高互联网案件、经济案件破获成功率，检察机关应对目前的电子证据检验人才加强培养，使其在具备电子信息相关素养的同时培养法学基础。并对目前的检察院司法工作人员进行电子技术培训，打造基础的法学专业知识之外掌握电子技术的复合性人才，[1] 使技术检验科同司法工作人员工作对接达到更高水平，提高诉讼效率。加强侦查人员的网络专业技术培训，通过对现有的相关人员进行技术性培训，以及对队伍的业务培训，增强侦查取证能力。

第二，要使得检察机关技术检验科的计算机专业人员能有效参与案件办理，使得电子证据的取证工作能够顺利进行，需要培训他们的案件办理能力。在培训方面，相关互联网案件呈现出犯罪主体的高智能性、作案者的高科技犯罪手段的技术性、犯罪分子作案的隐蔽性等。在这类案件中，犯罪主体往往具有相当高水平的计算机知识和黑客手段，同时其隐蔽性不但体现在犯罪行为本身，还体现在犯罪结果上，而且一般不受时间和地点的限制，只要存在计算机网络，任何时间和地点都可以作案，所以要促进检察机关技术专业相关工作人员的智能程度、审查能力的提高，使之能进行相关的破译、数据查找和数据恢复工作，以此来提高电子证据鉴定的成功率。

第三，不断增强检察机关的案件办理人员对于电子证据应用的认识，通过广泛、长期、深入、自然的宣传教育和学习，提高检察机关整体对于用好

---

[1] 高秀运：《检察机关应用视听资料与电子证据研究》，载《中国刑事法杂志》2009年第 3 期。

技术检验科的思想认识。坚持以科学发展观为指导，以"创新、协调、发展"等发展理念为指引，结合当前的检察建设需要，编制好科技强检的战略规划。

第四，提高检察机关公诉等业务部门相关人员的计算机技术能力，增强其电子证据取证和审理网络犯罪的能力。在招录检察机关工作人员时，在检察机关技术侦查人员方面，促进司法案件相关的培训，协调好专业技术人才的引进和培养工作，及时充实专业技术力量，保证检察技术的健康发展。

第五，应该充分利用技术人员的整合优势，借鉴国外先进经验，建立"网络公证"部门和地区性的电子证据专家库，增强与科研院校和专业机构的合作，以一套适合对相关虚拟网络空间进行监控的软件为锚点，遇到重大复杂案件可以由上级检察技术部门协调、抽调相关技术人员，[1] 按照案件的大小层级、影响力度，由不同的专家证人提出专业意见，甚至寻求专家辅助办案。在鉴定层面也可以采取相应方式，以大数据的形式互相借鉴学习，不断健全鉴定机构的技术手段，提高相关人员的水平，通过技术人员合作的方式进行鉴定工作，同时促进专业人才的培育。

2.加强电子证据侦查人员与技术人员的沟通、配合

电子证据的科学应用对互联网犯罪案件、经济犯罪案件的侦查办理起着信息收集、线索挖掘以及与其他常规的书证、物证证据相互验证等重要作用，尤其在电子证据反贪方面的侦查实践中得到了稳步扩展，但在实务中，侦查机关与技术机关常常由于沟通不足导致案件侦查的低效与裹足不前。

因此，检察机关急需建立检察技术侦查一体化机制，在系统内部检察技术部门应主动加强与刑事检察机关以及民事、行政检察机关的配合。促进侦查人员与技术人员的沟通和配合，切实将电子证据取证、审查等纳入司法办案工作流程，防止已有制度形同虚设，形成常态化工作模式。

一方面积极做好电子证据的取证、固定与审查工作和相关的非法电子证据的排除工作；另一方面在程序上进一步明确和完善证据的固定和保全，充分发挥电子证据相关工作的先进性和能动性，为维护法律的公平正义、适应大数据时代发展、提高相关案件的破获率作出应有的贡献。促进技术人员与

---

[1] 赵晓旭：《大数据时代电子证据证明力问题探析》，载《质量与市场》2020年第7期。

案件承办人员的深入交流，在案情方面积极探讨，将技术性问题与具体的案件相结合，促进技术性人员更多了解诉讼的专项知识，促进办案案件办理人员技术性侦查能力的提高。[1]

在外部应促进并优化检察机关与公安、审判机关的关系，纵向上加强联系配合，以此加大对电子证据取证、固定、审查的力度，加强对检察技术人员的重视程度，在进行案件办理时做到信息共享、资源共享，适当补充和增强网络取证技术手段，提高电子证据的完整性和准确性。

（二）提高电子证据取证意识，促进电子证据云平台建设，提高电子证据取证的完整性、准确性、时效性

1. 提高检察机关工作人员电子证据取证意识

定期召开关于电子证据取证的技术性培训，一方面提高承办案件的侦查人员的电子证据取证意识，将传统证据同电子证据相结合；另一方面促进检察机关技术检验科的专业人员侦查知识、诉讼水平的提高，将技术性工作同取证知识相结合，从电子证据的复合性、复杂性入手，树立牢固的科学技术是第一生产力的观点，推动科技强检战略，以此促进两方人员履职能力的不断提高，进一步增强检察机关电子证据服务保障的主动意识和案件办理人员与技术人员协作配合的一体化意识，以此树立高科技手段是检察创新发展新增长点的重要观念，把推进科技强检战略深入到检察工作当中，使打击高科技犯罪行为有更多行之有效的方法，加强技术部门同办案机构沟通联系和协作配合，形成电子证据取证工作合力。树立依靠科技进步实现检察现代化的根本观念，按照现代诉讼证明规律建立健全电子证据取证规则，以科技强检战略的推进助力检察机关全面建设。

2. 促进电子证据云平台建设

通过调查分析等发现，实践中检察机关，尤其基层检察相关人员目前在电子证据分析方面普遍存在取证速度慢、取证困难、电子证据介质转移和分析麻烦的问题。特别是在电子证据检验需求旺盛的基层机关，由于经费不足、

---

[1] 张霈：《刑事诉讼中的网络证据研究》，载《现代商贸工业》2018 年第 28 期。

人员不足、技术落后等方面的限制，基层机关自身无法对案件电子证据进行有效的取证、分析和鉴定，对取证的准确性、完整性有所损害。同时，为了满足电子证据审查的需要，对于需要高新技术审查的电子证据会被移送到第三方的专业性机构如电子证据鉴定中心进行分析。对于审核难度大的电子证据，甚至要将其进行多层次审核，从检察机关至第三方专业机构检验，再至网络服务公司审核，最后由相关的服务公司进行处理和负责反馈，几方相互印证。这一层层移交、往返递送的过程一方面易导致电子证据延迟分析，减损其时效性，大大拖延了案件的侦查进度；另一方面本身有易篡改性、易复制性的电子证据，经过多方递送也产生了极大的安全隐患，存在被泄露和篡改的风险，不利于电子证据的准确性和公信力的提高。

鉴于以上情况，为提高电子证据的完整性、准确性、时效性，检察机关采用最新的云计算架构，进行电子证据大数据云平台建设。这不仅仅是一个案件资料的管理平台，更重要的是实现电子证据的远程鉴定分析，可以为以后的类似案件提供可挖掘的线索，促进破案率的提升。其目的是让各地检察机关电子证据相关工作人员在处理案件时，可以运用该门类电子证据的大数据平台快速获取该门类的案件数据和相关电子证据，为办案提供更便利的线索提高案件办理效率。这种云平台建设可以采用最新的云计算架构，以信息网络为载体，以专家意见为补充，使各电子证据数据能够互通有无，让检察机关检验科等相关人员足不出户实现电子证据的远程鉴定分析。云平台的数据来源应广泛延伸，检察机关相关鉴定中心可以通过云计算架构构建存在海量电子证据的管理平台，[1] 实现对大规模电子证据的存储、归档和快速查询检索，以此突出便捷性，凸显电子证据应用的信息化实践，以便通过云计算架构达到全过程审核移送使用电子办公的效果。在电子证据鉴定中心构建大规模高性能的电子证据分析鉴定平台，可以实现对电子证据的快速镜像和取证分析，大大提高了电子证据的准确性、时效性、完整性，提升了破案效率。

---

[1] 曾浩晨：《论检察机关电子证据的应用》，载《法制生活报》2015年第4期。

（三）审查

1.规范电子证据审查程序，促进电子证据审查相关标准的统一

目前，我国法律未对电子证据取证、鉴定、审查的具体程序与标准进行明确的规定，特别是作为把关程序的电子证据审查，程序、标准纷繁复杂，各地良莠不齐，给跨区域互联网案件的侦破带来了很大的困难。因此，我国目前应将电子证据取证的过程制度化，并按照制度严格执行，以便更好地使电子证据业务付诸实践应用，满足大数据时代互联网案件频发的需要。因电子证据固有的易灭失性、不确定性、可篡改性等，取证过程中光盘、U盘、磁盘等电子介质的改动一般不会留下痕迹，取证的失实和不足可能性由此增强。

要规范电子证据审查程序，应首先将电子证据取证过程、审查过程制度化、成例化、系统化，检察机关应组织相应电子证据检验科工作人员、相关领域的专家、高校学者组成审查理论研究小组，以传统证据检验工作内容为基础，加以电子系统及互联网有关的特性分析，以电子证据检验工作的相关特性为依据，根据现有的法律法规，制定一套以规范化审查为标准的简洁、高效的管理制度，并率先在试点地区按照相关制度严格执行，根据结果使不同地区因地制宜、逐步推广，对其进行改进。经过充分的分析研究，一方面保证取证的时效性、合法性、完整性，使得所制定的法律法规制度更具科学实用性；另一方面又极大地提高了工作人员的专业水平。同时，检察机关还要将电子取证和审查方面的相关工作做更细化的分工，逐步落实规范化的电子取证审查的工作步骤，使司法实践中电子证据检验审查工作能较为完整地贯穿于整个案件，为案件办理提质增效。

同时，检察机关工作人员更应该主动学习思考，在顺应大数据时代互联网潮流的基础上，研究相关的法条法规，制定统一化的审查标准和细则，详细规范证据及线索的发现、提取、分析、固定、举证、应用各个阶段审查的准则并做好工作上的步骤规范，[1]完善好技术性审查及技术侦查的具体适用

---

[1] 徐俊峰、甄轶群：《刍议电子证据在检察实务中的实践问题》，载《东方企业文化》2014年第19期。

范围和工作细则，做好相关的法律监督方面的工作，在推进电子证据审查检验工作的适用范畴的同时，促进统一的审查标准的设立，从而更好地为检察工作服务。

2. 建立有资质的第三方审查平台，促进检察机关工作提质增效

在诉讼过程中，对电子证据认证集中于真实性考察，由于电子证据的无形性、易篡改性、高科技性及脆弱性等特殊性，大多数检察机关工作人员在对双方当事人提交的电子证据进行鉴真时，依赖传统的潜在证人如当事人口供认定、相关权威机构的公证等。虽然这种依赖公证、口供鉴定的模式可以一定程度上提高法官对电子证据的认证效率，但确定的是，这种方式一方面通过方便快捷的线上支持体系进行办案，减少案件办理人员、技术人员的工作量，让数据多出力，让工作人员少跑腿；另一方面这种方法并不能完全确保电子证据的真实性，给双方当事人带来了相当程度的麻烦。

为解决如上困扰，部分地区提出了第三方平台协助鉴定审查的意见，然而在司法实践中，各式各样的第三方平台仍然存在资质良莠不齐的问题，其推出的电子证据取证、存证、审查、鉴定等技术手段在操作上也存在较大的差异。各地检察系统对其鉴定结果的认定程度和标准五花八门，一定程度上造成了办案困难，甚至产生同案不同判的现象。并且由于目前没有成熟的电子数据认证标准及第三方平台资质鉴定的方法，电子证据认证业内还未对电子证据的认证形式和方法形成统一的标准，对于电子证据真实性认证帮助不大。由此，应当促进建立可靠、统一、适合的电子证据"三性"认证标准，促进建立第三方认证平台的资质统一审核制度，推动有资质认定的第三方电子证据认证平台建设。

在相关机构和人员的联合审查下建立有资质认证的电子证据第三方平台。这种公信力较高的平台会集合当下各种不同的科技手段进行收集、固定、传输及保全电子证据，其不仅可以用于电子证据审查，促进电子证据真实性认定，还可以在相关部门的监督下确保进入检察系统的电子证据在检察环节

的各个程序中都能保持时效性、准确性、完整性，[1] 以促进检察环节对电子证据的认证效率。当下司法实践中的区块链存证证据成为新兴热门的证据技术，其凭借哈希值校验、默克尔树、电子签名等具体的技术内容和去中心化、不可篡改性的技术特点能更好地保证存证电子数据的可靠性、纯洁性，为第三方区块链平台的存证、审查提供相当可靠的保障。

以其为例，平台可以通过对入链前的数据节点进行记录，存储有关电子数据，保障其入链后的完整性和可靠性，其无法被篡改的特性对促进平台可靠程度及公信力方面特别有增益。此外，还可以联合地区检察机关交流电子证据方面的经验，促进地区联合会的建立，利用可靠的第三方平台验证标准的设定，提高电子证据验证的安全性。推动检察机关对高新技术的应用，以进行电子证据的检验及审查。这不仅可以促进电子证据运用传统证据规则的困境不断缓解，也有助于检察机关工作人员及办案法官对第三方平台提供的电子证据的真实性、完整性及可靠性作出准确判断。通过其开放的网络远程技术性证据审查系统与统一业务应用的第三方平台系统对接，进一步促进线上线下联动。

第三方检验平台的设立不仅为检察机关开展电子证据技术性审查提供更加方便有利的技术支撑，也为审判机关审理案件提供行之有效的辅助用具，从而提高诉讼中电子证据的采信质量，促进司法与互联网的进一步结合，不断提高司法效率。从目前实践来看，我国已有部分检察机关及审判机关开始对电子证据第三方平台的标准化认证进行尝试，也有对于有资质的第三方平台的建设构想，但具体实践还有待进一步发展。不过可以预见，随着人工智能、区块链等新型技术的不断应用，未来司法实践中有资质的第三方平台的电子证据保存、审查和验证等程序及统一的第三方电子证据认证标准会在司法审判中发挥越来越重要的作用，一定程度上促进复杂的跨地区互联网案

---

[1] 褚福明：《论电子证据真实性的三个层面——以刑事诉讼为例的分析》，载《法学研究》2018 年第 4 期。

件的进一步办理。[1]

3. 对电子证据的非法证据排除规则以及相应惩戒措施进行相关的设定

要将电子证据非法证据排除规则的各种形式法定化，就要建立相关的证据分类体系，将传统的非法证据排除规则结合电子证据的无形性、不确定性等具体特点，总结出电子证据的具体非法证据排除体系，同时将电子证据取证、审查、固定、应用过程沿革按照相关制度执行，保证取证、应用、审查的有效性、合法性、完整性。关于电子证据合法性的认定，我国民事诉讼的相关法律规范并没有从正面进行明确规定，其规定主要集中于刑事诉讼方面。但从具体内容上来说，某些《民事诉讼法》上的规定过于原则化且在现实中不具有可操作性。由于这些原因，现实中部分司法具体实践操作起来极为困难，尤其是互联网时代取证手段发达，对于一些常见的如一方当事人在没有征求对方同意的前提下私自通过录音、录像等方式收集来的证据，能否进行合法的应用，[2] 目前没有相关的司法解释去解决，对于这种行为是否会影响到相关电子证据的完整性、合法性程度，不只检察机关承办案件工作人员难以解释，连审判机关也很少对此作出正面回应。

在民事诉讼方面我国的非法证据排除规则太过笼统，给办案、审案工作人员造成了很大的困难。对此笔者建议借鉴英美法国家的处理方式，其比较注重个人隐私问题，对收集程序中的相关方面设置了较为严格的条款用于保密，这无疑提高了法律适用的统一性。而我国在实践中就引导收集、固定证据而言，在处理其与个人隐私权的问题上较为委婉、不明确，对于检察机关的介入条件描述比较模糊，在实践中进行操作极为困难，对于法官的判决赋予了较大的自由裁量权，有时会造成滥用。这种背景下，在结合电子证据具体特点的情况下，促进电子证据特有非法证据排除规则的建立就尤为重要了。一方面可以有效防止电子证据的灭失，另一方面对检察机关介入条件作出规定也有利于电子数据原始性存疑时的补充性审查，此时可以要求侦查机

---

[1] 毕玉谦：《民事诉讼电子数据证据规则研究》，中国政法大学出版社2016年版，第227页。

[2] 戴长林：《非法证据排除规定和规程理解与适用》，法律出版社2019年版，第12页。

关提供提取证据时生成的镜像文件，补充规则如下：

首先，检察机关相关工作人员应审查取证时计算机系统的运行情况。计算机系统是电子证据的主要载体，计算机系统运行状况会反映出当时电子证据的状态，是否完全真实以及是否完整。如发现是在不正常运行状态下产生的电子证据，则应当予以排除[1]。

其次，对于当事人采用黑客技术等明文规定非法方式收集、提取的电子证据，应当在司法适用中予以排除。应当严格审查调查机构的具体取证过程，一旦发现使用窃听，滥用黑客手段侵入电脑，私自拦截对方手机信息、电话等非法方式侵犯他人隐私权的行为收集的电子证据，由检察机关判断是否征得相对方的同意，若为否定，应当排除适用。

再次，对于当事人运行非法软件所收集、提取的电子证据，应当进行排除。当事人应用盗版软件不仅会影响知识产权的保护，还会干扰市场秩序，其获取的电子证据也无法保障电子证据的真实性。因此，对于一方当事人从未经法律许可的软件中取得电子证据，应当予以排除。

最后，应当因地制宜地进行电子证据采纳，具体问题具体分析。该条文具有一定的兜底性和概括性，由于技术在不停发展，目前法律条文无法对将来的情况进行有效规制，未来司法实践中也会存在很多无法通过穷举的方式完全列出来的不具有合法性的情形。上述所列举的情形可以帮助检察机关承办案件的人员作为办案时的参考。

总而言之，针对这类典型的非法证据排除问题，可以通过技术性的电子证据审查总结出一些具有规律性的意见，同时通过司法实践中产生的意见反馈不断规范侦查行为。对于一些涉及电子证据专业领域的新型案件，由于法律的滞后性暂时无法规制，可以参考一些兜底性条款，由电子证据技术人员为制订侦查、取证方案提供帮助，从而发挥检察机关在非法证据排除程序中的主导作用。

---

[1]　苏志甫：《知识产权诉讼中电子证据的审查与判断》，载《法律适用》2018年第3期。

（四）完善我国电子证据证明力认定机制，提高电子证据证明力

促进我国相关法律法规体系的完善，对电子证据证明力认定规则的制定加以完善，明确解释电子证据的证明力与其真实性、客观性、关联性的具体关系，促进电子证据证明力认定的法律标准不断提升。[1]

对电子证据的原件和复制件的证明力度进行明确化区分，根据实践中相关技术人员的认定规范和一般人的经验对二者加以认定。在具体审查时，在收集、提取、转化的各个阶段明确区分电子证据更加行之有效的技术手段，确保原件在电子证据转化、上传、审查应用过程中不会经过恶意修改，以实际行动促使电子证据证明力得到完整的保护。根据之前提到的电子证据证明力的认定规则，辅以原件、复印件、扫描件等认定标准，在制定法律法规时也可以加入相关的规则使之标准化、准确化，便于检察机关相关技术人员细则化处理案件，结合大数据平台加以联动。[2] 同时，为促进电子证据在检察实务中的具体运用，应以其制度建设为具体指引，使检察机关办案人员与技术人员互相交流联动，建立清晰的协作机制，用更加准确的方式确保电子证据在案件中发挥最佳作用，促进检察机关办案效率不断提高，以此提高电子证据在案件中的采信率，促进电子证据证明力不断提升。应当建立系统化、体系化的电子证据证明力认证机制，在第三方平台及大数据云平台的技术加持下，以合理化的设计应对当前我国庞杂的电子证据应用现状。

大数据时代的快速发展，使电子证据成为越来越多案件认定的关键性问题，对于案件事实的审查与认定，以及定罪量刑越来越重要。对于检察环节电子证据的取证、检验、审查、证明力等问题，本章作出了相应的论述。

虽然当前在电子证据应用等方面仍存在许多问题，但加强立法，提升检察机关工作人员素质，提高科技处理能力，完善具体的取证、审查、认定规则，促进第三方有资质的认证平台和电子证据大数据云平台的建立，对提升电子证据在实践中的应用水平都有极大帮助。总之，应加强电子证据相关立法，结合具体实践经验推动我国检察环节电子证据司法实践应用水

---

[1] 占善刚、刘显鹏：《证据法论》，武汉大学出版社2015年版，第29页。

[2] 赵晓旭：《大数据时代电子证据证明力问题探析》，载《质量与市场》2020年第7期。

平的不断提升。

这是一个互联网飞速发展、大数据应用不断渗透生活的时代，只有通过不断深入研究电子证据业务理论，提升对电子证据的认识，增强实践中电子证据的应用，不断增强检察机关落实电子证据的业务能力，汲取从当事人到审判机关等各方面的经验和意见，才能不断促进检察机关电子证据从提取到认证各项业务和基础建设，以最好的方式应对大数据的挑战。

第六章

基层检察机关技术性证据审查监督
权能缺位的司法检视

科技飞速发展正在深刻改变刑事司法格局，技术性证据的地位越发凸显。然而，技术性证据的使用也面临诸多挑战，其中之一是需要不断解决技术领域的变化和实践问题。在这一背景下，检察机关在技术性证据审查监督中扮演着至关重要的角色。然而，目前的检察机关技术性证据审查监督体系仍需进一步完善。为了更好地适应科技迅猛发展的潮流，本章提出了一系列对策。首先，需要提高技术人员的素质，确保其具备应对不断变化的技术挑战的能力。其次，整合技术资源，建立起更为高效的信息共享机制，以便迅速获取最新的科技资讯。同时，理顺部门关系，加强与科技产业、研究机构的合作，形成良好的合力。最重要的是，要强化审查监督方法，确保技术性证据的获取和运用符合法律规定，从而为检察机关提供更加有效的指导。这一系列对策的实施将有助于检察机关更好地适应科技发展，提升技术性证据的审查监督水平，从而维护司法公正和社会安宁。

一、基层检察机关技术性证据审查监督权能缺位的原因

（一）缺乏技术性证据审查监督的专业技术人员

在决定逮捕犯罪嫌疑人或终结侦查并移送公诉部门审查起诉时，通常需要审查案件中的技术性证据，以确定其是否符合逮捕和提起公诉的标准。这

些技术性证据可能涉及法医学鉴定、DNA 鉴定等技术性证据。对于技术性证据需要由专门人员对其进行审查才能发现其收集、固定是否符合证据的客观性、关联性、合法性、科学性（不仅包含知识体系，也经常包括专业的智力活动）的要求。非专业技术人员因不具备专业知识，很难发现技术性证据的瑕疵。

近期进行的司法和监察体制改革导致了检察技术人员的大规模流失问题，其中尤以南方某省为甚，改革后检察技术人员流失率高达 27.5%。这一现象引起了广泛关注，给检察体制的运作和专业水平带来了一系列潜在的影响。技术人员选择离开，可能是受到了体制变革带来的不确定性和变化的影响。这种规模的流失不仅使得该省的检察技术队伍面临巨大的空缺，也可能造成整体技术水平的下降，因为离职人员中可能包括一些经验丰富、技术水平较高的专业人才。与此同时，中部某省也出现了类似的情况，125 名技术人员进行了转岗或转隶，占比达到了 16.4%。其中不乏一些技术骨干，他们的离职可能对该省的检察技术队伍产生深远的影响。技术骨干的离职可能导致技术队伍的整体稳定性受到威胁，而这些离职人员的经验和专业知识的丧失可能使得队伍整体的专业水平面临下降风险。在整个司法和监察体制改革的背景下，检察技术人员的大量流失问题值得高度重视。政府和相关部门需要采取有效措施，确保检察体系中的技术队伍不仅人员数量稳定，而且保持较高的专业水平。只有通过合理的政策和制度设计，才能有效解决技术人员流失问题，确保司法体制改革的平稳进行，不影响检察机关的正常运作和专业水平的提升。从上述情况可知，目前基层检察机关很缺乏专业技术人员，致使技术性证据审查工作在有些基层检察机关无法有效开展，导致案件质量下降，甚至有引发错案的风险。

（二）办案人员思想观念存在偏差，怠于对技术性证据进行审查

在审查批捕环节、提起公诉环节经常会遇见犯罪嫌疑人、受害人对技术性证据的结论提出异议，申请重新鉴定、补充鉴定的情况。申请重新鉴定、补充鉴定是犯罪嫌疑人、被害人的权利。《人民检察院刑事诉讼规则》第221 条规定：用作证据的鉴定意见，人民检察院办案部门应当告知犯罪嫌疑人、

被害人；被害人死亡或者没有诉讼行为能力的，应当告知其法定代理人、近亲属或者诉讼代理人。犯罪嫌疑人、被害人或者被害人的法定代理人、近亲属、诉讼代理人提出申请，经检察长批准，可以补充鉴定或者重新鉴定，鉴定费用由请求方承担，但原鉴定违反法定程序的，由人民检察院承担。犯罪嫌疑人的辩护人或者近亲属以犯罪嫌疑人有患精神病可能而申请对犯罪嫌疑人进行鉴定的，鉴定费用由请求方承担。但是当犯罪嫌疑人、被害人或者被害人的法定代理人、近亲属、诉讼代理人提出申请重新鉴定的要求时，往往不会引起相关办案人员的重视导致不被检察机关批准，不批准的原因主要是认为没有必要，在公安机关已经做过鉴定，若检察机关再做鉴定，如果鉴定结论不一致，会引起当事人上访，影响社会稳定。另外，检察机关案多人少，不愿做这种"出力不讨好"的事，使刑事检察等部门对技术性证据审查监督缺位。

（三）刑事检察等职能部门较少移送技术性证据

刑事司法领域存在的问题之一是检察机关往往以法定期限为借口，不愿意及时移送技术性证据。面对时间的紧迫性，检察机关常采取简便操作，将技术性证据作为主要依据。这一做法可能导致对案件审查的不充分和不准确。在追求案件处理速度的同时，对技术性证据的深入分析和正确理解可能会被牺牲。由于检察机关感受到时间压力，可能会忽略对技术性细节的审查，从而影响对案件真相的全面把握。为解决这一问题，有必要对检察机关的工作流程进行审视和调整。在法定期限内移交技术性证据的同时，应当确保审查过程的充分性和准确性。提高工作效率的同时，不可牺牲司法程序的公正性。为此，可能需要制定更为明确的工作标准和流程，以确保在有限时间内完成对技术性证据的适当审查。总体而言，解决刑事司法中对技术性证据处理不当的问题需要平衡案件处理的时效性和审查的充分性，确保司法程序既高效又公正。

刑事检察机关在专业技术知识方面存在明显不足，这一状况导致它们在全面审查涉及技术性证据的案件时难以胜任。过度依赖公安机关提供的证据也成为一个突出问题，可能对整个审判过程的公正性造成不良影响。在这一背景下，检察机关应当着力提升对技术性证据的审查能力。这既有助于确保案件质量，也有利于保障被告人的权益。技术性证据的复杂性要求检察官具备深入的专业知识，以更准确、全面地审查证据的真实性和可信度。此外，检察机关还需建立健全内部培训机制，确保其工作人员跟上技术发展的步伐，保持对新技术、新方法的敏感性和适应性。公诉部门在重新鉴定请求方面应当更加开放和审慎。首先，应当对重新鉴定请求持一种更加开明的态度，而非过于保守。其次，应当建立一套科学、公正、透明的重新鉴定审查机制，确保每一次请求都能够得到公正审查。强调对案件真相的追求，有助于维护司法体系的公信力，增强公众对司法公正的信任。维护法律框架内的公平和正义是司法机关的基本责任。为实现这一目标，不仅需要检察机关和公诉部门的主动努力，还需要整个司法体系的协同配合。司法机关在履行职责的过程中应当本着以人为本、公正无私的原则，真实客观地审理每一个案件，确保法治精神得以充分体现。只有如此，才能够增强司法体系的公信力，建立起更加健全和可靠的法治环境。

二、检察机关补足技术性证据监督权能的对策

（一）强化刑事检察机关办案人员技术培训

科技的急速发展对刑事司法领域提出了深刻而复杂的挑战，技术性证据在案件办理中的重要性逐渐凸显。为确保司法的公正与准确，检察机关势必需要加强技术人员的专业水平，包括审查监督、错误发现以及瑕疵证据处理的能力。技术性证据的审查环节不仅关系到案件的胜诉与否，更直接关系到司法体系的公信力与效率。然而，在实际操作中，我们不得不面对技术人员短缺和不熟悉相关领域的问题。一些鉴定机构的滥用行为对案件质量和司法公正性产生了严重的负面影响。为解决这一问题，首要之务是通过全面的在线培训、案例总结以及专业研讨等方式提升技术人员的素质和专业水平。在这方面，最高人民检察院可以筹备、开设一批在线培训课程，便于各地检察机关对本部门的检察技术人员进行有针对性的培训。这些培训课程不仅要覆盖法医鉴定、痕迹鉴定、物证鉴定、电子数据等门类，还要结合实际案例进行深入讲解，使技术人员能够更好地掌握实际操作技能。只有通过不断提高

技术人员的综合素质，才能在科技不断进步的环境中确保司法体系能够适应和应对各种技术挑战。与此同时，与专业机构的密切合作也是刻不容缓的。通过组织定期的研讨会，可以使技术人员紧跟科技创新的步伐，提高其前瞻性和创新性。这不仅包括技术领域的专业知识更新，还需要关注法律法规的变化，确保技术人员的操作与司法框架保持一致。专业机构的支持不仅可以提供实践中的经验分享，也有助于构建一个紧密的社群网络，为技术人员提供互助和支持。值得强调的是，培养技术人员的法律意识和职业道德也是不可或缺的一环。这既包括了对法律法规的深入理解，也需要注重职业操守和道德底线的培养。只有在法律框架内履行职责，技术人员才能够真正成为司法体系的守护者，推动司法公正的实现。为此，可以通过专门的培训课程和定期的法律道德教育，强化技术人员对法治的敬畏和遵循。总体而言，应对科技迅猛发展给刑事司法领域带来的挑战需要全社会的共同努力。通过提高技术人员的专业水平、与专业机构合作、强化法律意识和职业道德的培养，我们才能够构建一个适应科技变革的刑事司法体系，确保司法的公正、高效和可信。

（二）整合检察机关的相关技术资源

基层检察机关面临着技术资源不足的严峻挑战，如何有效解决这一问题成为当务之急。为此，我们提出了一系列全面而可行的解决方案，以确保基层检察机关在技术领域能够紧跟时代步伐，提升综合办案水平。首先，为了建立一个强大的技术人才库，我们需要系统的规划和有效的管理。这个人才库不仅应该涵盖各个领域的专业人才，还需要确保其结构合理，能够满足机关在技术应用方面的多样化需求。通过制订详细的人才招募和培养计划，机关可以有针对性地引入具有不同专业背景和技能的人才，以建立一个全面而强大的技术团队。为了提高技术人员的素质，机关可与高校和科研机构密切合作。通过开展培训课程、研讨会和技术交流活动，技术人员可以不断提升专业水平，并了解最新的技术发展趋势。这种密切的合作关系有助于机关保持在技术创新领域的敏锐度，确保其能够迅速适应不断变化的法律和技术环境。其次，为了更加灵活地运用技术人才，地市级检察机关可以制订有计划的技术人员调配策略。这包括根据具体工作需求，有针对性地调动技术团队中的人才，确保他们能够在不同领域间流动，参与各类案件的办理。这种灵活的人才调配机制有助于提高工作效率，保证机关能够在复杂多变的法律环境中迅速作出反应。除此之外，机关还应加强与科研机构的深度合作，共同推动技术创新。通过设立科研基地、成立联合实验室等方式，机关可以与科研机构共享技术资源，推动相关领域的研究和应用。这样的合作关系有助于机关获取最新的技术成果，提高技术人才的创新能力，为机关的长期发展奠定坚实基础。总体而言，解决基层检察机关技术资源不足的问题需要全方位的措施。通过建立技术人才库、加强与学府和科研机构的合作、有计划地调配技术人员等手段，机关将能够更好地应对技术挑战，确保在法律与技术的交汇点上保持领先地位，推动检察工作不断迈向新的高峰。

（三）理顺检察机关技术部门与业务部门的关系

基层检察机关在审查监督证据性材料方面存在较为显著的缺陷，主要原因在于业务部门之间的关系尚未得到有效理顺。在检察机关内部，业务部门不愿将涉及技术性证据的案件提交至专业部门审查，造成了技术性证据监督的严重困境。尽管办案人员在法律业务方面表现出色，但对技术性证据的了解却相对不足，这对有效审查监督产生一定的不利影响。为解决这一严峻问题，有必要由省级检察机关牵头制订明确的技术性证据审查监督程序和标准。这一举措旨在规范业务部门和专业部门之间的合作流程，明确各自的责任和义务，消除因关系不畅所带来的阻碍。同时，建议通过鼓励建立起有效的沟通机制，包括定期召开联席会议，以促进各部门之间的信息共享、经验交流，提高对技术性证据审查监督工作的整体认知和理解。在促进业务部门对技术性证据审查的积极性方面，可采取多方面的策略。首先，加强宣传教育，通过培训和专题讲座等形式，向业务部门传达技术性证据在案件审查中的重要性，引导其树立正确的审查观念。其次，鼓励专业人员深入一线，与业务部门建立更紧密的合作关系，提供必要的技术支持和指导，以降低技术性证据带来的理解和应用难度。此外，可设立技术性证据专业组，由熟悉相关领域的专家组成，提供及时咨询和解决方案，解决业务部门在审查中遇到的技术难题。为确保办案人员在技术性证据方面的专业水平，建议省级检察机关采取切实有效的培训措施。培训内容可以包括技术性证据的基础知识、最新的法律法规和相关案例分析等。培训形式可以灵活多样，如集中培训、在线课程等，以满足不同办案人员的学习需求。同时，建议制订相关的绩效考核制度，将技术性证据的理解能力作为考核指标之一，激励办案人员主动学习和提高专业水平。

综上所述，要解决基层检察机关在技术性证据审查监督方面存在的问题，需要综合运用制度建设、宣传教育、专业支持和培训提升等多种手段。通过这些努力，有望提高基层检察机关的整体业务水平，确保司法体系的公正、稳健运行，避免因技术性证据处理不善而导致的潜在风险。另外，为了确保技术性证据的审查监督能够全面而有针对性地进行，可以在案件进入检委会审议前设置对技术性证据的审查环节。这可以作为一种前置条件，确保每个案件都经过了对技术性证据的仔细审查。特别是在重大、复杂、疑难案件以及检委会审议案件中，更应当加大对技术性证据的审查力度，以确保案件的审理过程公正、合法。

三、检察机关加强对技术性证据审查监督的方法

（一）加大对公安机关及社会鉴定机构移送案件技术性证据的审查监督力度

在深入研究技术性证据审查的过程中，我们发现了一些令人担忧的问题，涉及公安机关和社会鉴定机构。具体而言，一些机构存在过期的从业资格和缺乏必要资质的情况，这导致了鉴定意见丧失法律效力，引起了对司法公正的合理担忧。在这种背景下，作为法律监督的主要力量，检察机关有责任强化对这一问题的监督，以确保司法体系的权威性和公正性不受损害。首先，检察机关应对鉴定意见进行全面审查，关注其中可能存在的问题，如技术分析的准确性、证据的充分性等。这种审查不仅仅是形式上的，更应深入鉴定机构的内部运作，包括从业人员的资格是否过期、机构是否具备必要的资质等方面。除此之外，检察机关还应关注鉴定机构的整体运作情况，确保其在

程序上合法合规。这包括鉴定过程中是否存在程序性错误、是否遵循了相关法规等方面的考察。对于发现的问题，检察机关应当及时采取纠正措施，以避免鉴定意见对案件产生负面影响。在强化监督的同时，检察机关还应鼓励鉴定机构建立更加健全的内部管理机制，确保从业人员的资格始终保持有效，鉴定过程合法合规。这包括建立定期培训机制，及时更新从业人员的知识和技能，以适应社会和法律的不断变化。维护司法权威和公正不仅仅是纠正问题，更需要在源头上预防问题的发生。因此，检察机关可以提出相关建议，促使立法机关对鉴定机构的资质要求和监管机制进行进一步完善，以确保公安机关和社会鉴定机构在技术性证据审查中能够更好地履行职责。通过这样全面而有力的监督和改进机制，检察机关可以更好地履行其法律监督职责，保障技术性证据的可靠性和司法公正的实现。这也将有助于建立一个更为安全、公正的司法环境，提升社会对司法体系的信任感。而对于一些需要进一步侦查的案件，检察机关也应当坚决予以退回补充侦查。这种举措不仅有助于补充案件的不足，也有助于提高整个司法过程的透明度和可靠性。在这个过程中，检察机关需始终紧抓实质和程序两方面，确保案件的公正、合法进行。[1]

（二）直接启动重新鉴定程序

《刑事诉讼法》和《人民检察院刑事诉讼规则》赋予了检察机关对侦查机关移送证据的审查权，这一权力的行使对于维护司法公正和合法性具有重要意义。检察机关的审查职能主要体现在对证据的鉴定程序方面。首先，检察机关可以对鉴定机构的资质进行审查，一旦发现其资质不足，或者鉴定人缺乏相应资格，便有权将相关证据列为非法证据，从而排除在审判程序之外。其次，在排除非法证据的基础上，检察机关还具备启动重新鉴定程序的权力。这一程序的目的在于强调检察机关对证据的审查监督职责，确保司法程序的公正性。在重新鉴定中，检察机关要坚持排除不符合规范的鉴定原则，以确保整个司法过程的合法性。对技术性鉴定的合法性和专业性进行再次审查，

---

[1] 黎颖旗：《检察院审查逮捕听证制度实证研究》，中国人民公安大学 2023 年硕士学位论文。

是保障刑事诉讼的基石，确保司法裁决的准确性和公正性。通过重新鉴定程序，检察机关不仅能够消除非法证据的影响，还能够有效维护司法的公正性和法治的权威性。同时，若在重新鉴定的过程中涉及相关鉴定人员应该回避等问题，检察机关更应该表现出勇气。这意味着检察机关不仅仅要对技术性鉴定本身进行审查，还要对鉴定人员的资质、背景等进行全面了解。只有通过对鉴定人员的回避问题进行积极主动的处理，才能确保重新鉴定程序的公正和客观性，从而使检察机关对技术性材料的审查监督回归到其本位。总体而言，检察机关作为司法体系中的监督者，其在证据审查方面的权力行使，不仅有助于排除非法证据，更有利于保障技术性鉴定的合法性，为司法公正的实现提供了有力的保障。这种法定程序的运作，体现了对法治原则和司法公正的深刻理解，使得刑事诉讼更加公正、透明。

（三）加强检察技术队伍的革命化、正规化、专业化、职业化建设

建立完善的检察技术人员职业保障机制，以确保他们的稳定发展并有效满足司法体系的需求。这一机制包括单独的职务序列和职级管理改革，参考公安机关的模式进行适当调整和优化，使其更符合检察技术人员的特点和需求。首先，针对检察技术人员的特殊性质和职责，建议推动检察技术人员公务员序列改革。这意味着对其职务分类、评定和晋升标准进行细化和优化，确保其职业发展路径清晰可见，激励其在技术领域持续深耕和发展。其次，需要建立全面的招录、引进和培养机制，特别是针对年轻技术人员的培训。这包括设立定向培训计划，针对不同技术领域和专业方向进行有针对性的培训和发展，培养出更多的专业人才来支撑检察机关的工作。在人才储备方面，要积极探索利用经验丰富且年轻的技术人员作为储备力量，以应对人员短缺的挑战。这意味着在选拔和培养过程中，要注重发掘、培养和激励那些具备潜力和能力的年轻技术人才，为他们提供更多的机会和平台展现自己的才华与能力。同时，加强对检察技术专家型人才的培养和引进，通过设立"绿色通道"等方式，引进高端专业人才，为检察机关注入新鲜血液和先进技术，提升整体的技术水平和专业素质。在实施过程中，需要充分调动各方的积极性和主动性，建立起一个多方参与、共同协作的工作机制。这包括政府部门、

检察机关、高校科研机构等各方的密切配合和协同努力，共同推动检察技术人员职业保障机制的建立和完善。最后，要注重建立健全的激励机制，为技术人员提供良好的工作环境和发展空间，充分调动他们的工作积极性和创造力，激励他们持续不断地提升自己的专业水平和工作能力。总之，建立完善的检察技术人员职业保障机制，是推动司法体系现代化、提升司法公信力和效率的重要举措。通过上述措施的实施，将为检察技术人员提供更加稳定和可持续的职业发展环境，为其在司法体系中发挥更大的作用和价值奠定坚实的基础。

总体而言，完善检察机关技术性证据审查监督体系需要长期合作。在科技不断进步的时代，检察机关要适应新形势，通过培养技术人员、整合资源、理顺关系，加强审查监督方法，构建更健全、高效的体系，为法治社会和司法公正提供支持。在此过程中，加强对技术人才的培养将成为关键措施，以确保机关在技术领域的专业水平。同时，通过资源整合，提高技术设备和工具的更新迭代速度，以应对不断涌现的新型犯罪手段。此外，理顺机关内外部关系，推动各部门协同配合，共同维护社会法治秩序。强化审查监督方法包括引入先进技术手段，提高证据分析的精准性和效率。通过这些努力，将为构建更加健全、高效的检察机关技术性证据审查监督体系奠定基础，为社会正义建设贡献力量。

第七章

检察公益诉讼证据收集规则

证据的问题被视为诉讼的中心议题，对证据材料的研究和整理是检察机关发起公益诉讼的关键先决条件，并且在检察机关执行法律监督职责时，它发挥着至关重要的核心作用。因此，对于公益诉讼中如何正确地运用调查取证方法展开研究具有重要意义。检察机关在公益诉讼中采用的调查取证模式，既会对取证效果产生重要影响，也涉及检察机关开展工作的合理性。[1]

一、检察公益诉讼制度及其证据收集规则的建构历程

（一）检察公益诉讼制度及其证据收集规则的建构历程概览

时间	事件	内容
2012 年	《民事诉讼法》首次规定了公益诉讼制度	2012 年，我国在修改《民事诉讼法》时首次规定了公益诉讼制度，增加了一条作为第 55 条："对污染环境、侵害众多消费者合法权益等损害社会公共利益的行为，法律规定的机关和有关组织可以向人民法院提起诉讼。"但该规定属于原则性规定，缺乏具体的操作指引

---

[1]　徐欢忠、徐本鑫：《调查核实权：公益诉讼检察调查取证模式的反思与调适》，载《昆明理工大学学报（社会科学版）》2023 年第 5 期。

续表

时间	事件	内容
2013 年	《消费者权益保护法》	这两部法律在进行修正时，进一步明确规定了可以提起公益诉讼的组织，但此时检察机关仍未被赋予原告资格。虽然法律赋予了一些组织享有提起公益诉讼的权利，但在实践中，这些组织因缺乏专业能力、经济能力、技术能力等无法完成调查、取证、诉讼等各个环节的工作。在国家治理体系和治理能力现代化的背景下，检察公益诉讼应运而生
2014 年	《环境保护法》	
2014 年 10 月	《中共中央关于全面推进依法治国若干重大问题的决定》	明确提出探索建立检察机关提起公益诉讼制度
2015 年 1 月 6 日	最高人民法院发布了《关于审理环境民事公益诉讼案件适用法律若干问题的解释》	该解释规定了"检察机关可以通过提供法律咨询、提交书面意见、协助调查取证等方式支持社会组织依法提起环境民事公益诉讼"
2015 年 5 月 5 日	中央全面深化改革领导小组第十二次会议通过了《检察机关提起公益诉讼试点方案》	该方案的通过，意味着检察公益诉讼的顶层设计成形
2015 年 7 月 1 日	第十二届全国人大常委会第十五次会议通过了《全国人民代表大会常务委员会关于授权最高人民检察院在部分地区开展公益诉讼试点工作的决定》	该决定授权最高人民检察院在十三个试点地区在生态环境和资源保护、国有资产保护、国有土地使用权出让、食品药品安全等领域开展为期两年的公益诉讼试点。至此，检察机关参与公益诉讼的试点改革正式获得了合法性通行证

时间	事件	内容
2015 年 12 月 24 日	最高人民检察院公布了《人民检察院提起公益诉讼试点工作实施办法》	明确规定了检察公益诉讼的范围以及调查取证的方式等内容。比如，在调查取证方式上规定了："检察机关可以采取以下方式调查核实违法行为涉及的相关证据及有关情况：（一）调阅、复制有关行政执法卷宗材料；（二）询问违法行为人、证人等；（三）收集书证、物证、视听资料等证据；（四）咨询专业人员、相关部门或者行业协会等对专门问题的意见；（五）委托鉴定、评估、审计；（六）勘验物证、现场；（七）其他必要的调查方式。调查核实不得采取限制人身自由以及查封、扣押、冻结财产等强制性措施。人民检察院调查核实有关情况，行政机关及其他有关单位和个人应当配合"
2016 年 2 月 25 日	最高人民法院发布了《人民法院审理人民检察院提起公益诉讼案件试点工作实施办法》	规定了检察机关以公益诉讼人身份提起公益诉讼。 经过两年全覆盖多样化的试点探索实践，检察机关充分证明了检察公益诉讼制度设计的可行性，探索出了一条司法保护公益的中国道路
2017 年 6 月 27 日	第十二届全国人大常委会第二十八次会议通过了《关于修改〈中华人民共和国民事诉讼法〉和〈中华人民共和国行政诉讼法〉的决定》	正式将检察机关提起公益诉讼制度写入法律

续表

时间	事件	内容
2018 年 2 月	最高人民法院、最高人民检察院通过了《关于检察公益诉讼案件适用法律若干问题的解释》	明确规定了检察机关以公益诉讼起诉人的身份提起公益诉讼，明晰了相关程序问题，增强了检察与审判之间的协同性，特别是在民事公益诉讼与行政公益诉讼之外延伸了刑事附带民事公益诉讼，增强可操作性的同时也为私益诉讼预留了空间。 第 6 条规定了"人民检察院办理公益诉讼案件，可以向有关行政机关以及其他组织、公民调查收集证据材料"，明确了检察机关在开展公益诉讼时享有调查核实权，这既承继了 2013 年《民事诉讼法》第 210 条的规定，也为 2018 年的《人民检察院组织法》第 20 条、第 21 条所确认[1]
2019 年 10 月	党的十九届四中全会召开	党的十九届四中全会指出要"拓宽公益诉讼案件范围"。 此后，《未成年人保护法》《军人地位和权益保障法》《安全生产法》《个人信息保护法》《反垄断法》《反电信网络诈骗法》《妇女权益保障法》等相关单行法都相继赋予了检察机关在相应领域提起公益诉讼的法定职责
2019 年 11 月 25 日	最高人民法院、最高人民检察院发布了《关于人民检察院提起刑事附带民事公益诉讼应否履行诉前公告程序问题的批复》	该批复明确了"人民检察院提起刑事附带民事公益诉讼，应履行诉前公告程序"
2020 年	最高人民法院、最高人民检察院对《关于检察公益诉讼案件适用法律若干问题的解释》进行修正	进行修正时，增加了检察机关对于"侵害英雄烈士的姓名、肖像、名誉、荣誉等损害社会公共利益的行为"提起公益诉讼的规定

---

[1] 李佳丽：《检察公益诉讼调查核实权的实践反思与制度重塑》，载《重庆交通大学学报（社会科学版）》2023 年第 1 期。

续表

时间	事件	内容
2021 年 6 月 29 日	最高人民检察院发布了《人民检察院公益诉讼办案规则》	对于检察机关进行公益诉讼时对证据的调查收集方式、手段和要求等作出了全面详细的规定
2023 年 4 月 18 日	最高人民检察院发布了《关于加强新时代检察机关网络法治工作的意见》	指出要"积极开展网络治理领域检察公益诉讼",进一步扩大了检察公益诉讼的受案范围

(二)评析

对于检察机关来说,进行证据材料的调查和收集是发起公益诉讼的关键先决条件,同时也在检察机关执行法律监督职责时扮演着不可或缺的角色。目前,检察机关在公益诉讼中的调查取证工作还存在诸多认识误区和实践偏差,制约了检察机关依法履行职能。在处理公益诉讼案件时,检察机关选择的调查取证模式不仅对公益诉讼的取证成果产生直接影响,而且与检察公益诉讼的理论合理性紧密相关,这也是影响公益诉讼检察制度健全发展的关键问题。在检察公益诉讼中,调查取证方式主要是关于检察机关是基于何种权力、使用哪些方法、遵循哪些流程,以及它们是调查收集哪些证据材料等各种问题。[1]

综合来看,检察公益诉讼的受理范围已经发生了巨大变化,从最初的生态环境和资源保护、国有资产保护等领域,逐渐扩大到包括未成年人保护、安全生产、个人信息保护、反垄断、反电信网络诈骗、妇女权益保障、英雄烈士保护和网络治理等多个领域,证明当前公益诉讼是社会发展不可或缺的一部分。

2012 年 3 月 14 日,我国发布了修订后的《刑事诉讼法》,其中第 52 条

---

[1] 徐欢忠、徐本鑫:《调查核实权:公益诉讼检察调查取证模式的反思与调适》,载《昆明理工大学学报(社会科学版)》2023 年第 5 期。

明确规定，人民检察院有权向相关单位和个人来收集和获取证据，这是我国首次在法律中对于检察机关的调查收集权进行规定。2012 年 8 月 31 日，我国又颁布了经过修订的《民事诉讼法》，其中第 210 条明确规定了检察机关的核心调查权限，即当人民检察院因执行法律监督职责而提出检察建议或抗诉时，有权对当事人或案外人进行相关情况的调查和核实。这使得检察机关在民事诉讼方面拥有了行使调查取证权的合法性基础。显然，在刑事诉讼和民事诉讼中，检察机关都有权进行调查和取证，而在行政诉讼中，实际上也拥有调查和核实的权力。在行政诉讼的范畴内，虽然《行政诉讼法》没有明确地规定检察机关的调查收集和核实证据材料的权力，没有说明调查核实的适用情形，但是在 2016 年 3 月 22 日发布的《人民检察院行政诉讼监督规则（试行）》第 13 条中，明确规定了人民检察院有权对当事人或案外人进行调查和核实相关情况。除此之外，人民检察院也可以提起相关公益诉讼，并在公益诉讼中享有相应的调查收集权。显然，在公益诉讼过程中，检察机关在调查、收集和核实相关情况方面，和其他组织提起公益诉讼相比，具有一些不可比拟的优势。此外，在 2018 年 10 月 26 日发布的修订后的《人民检察院组织法》中，第 20 条和第 21 条明确规定，当检察机关依法提起公益诉讼时，有权进行调查和核实。上述法律法规均表明，检察机关在多个领域中都有权开展调查取证活动。到目前为止，检察机关享有的调查和取证权已经为学界和实务界所普遍认可。与此同时，检察机关如何行使调查取证权也引起了学界和实务界的关注。综上可知，在刑事、民事、行政和公益诉讼等多领域多个方面，检察机关都有权进行调查、收集证据和核实有关情况。

在检察机关办理公益诉讼案件中，调查核实被视为最关键的流程和步骤，它连接了线索的发现与诉讼前以及诉讼中的过程。调查核实权也是检察机关办理公益诉讼案件的基础性权力，为检察机关顺利办案提供了重要保障，直接影响着检察机关在诉前程序中的实际办案结果以及在公益诉讼案件中的成败得失。[1] 近年来，在检察公益诉讼快速发展的背景下，检察公益诉讼所涉办案领域日益扩大，办案难度也逐渐提升，检察公益调查核实权日益凸显其

---

[1] 曹建军：《论检察公益调查核实权的强制性》，载《国家检察官学院学报》2020年第 2 期。

功能。如若我国在调查核实权方面存在相关制度不完备、程序运行不通畅、行使权力失去应有的规范等问题，那么检察机关在调查取证中面对各种困境时就会显得束手无策，不能够很好地完成公益诉讼的严峻任务。检察机关在公益诉讼案件的证据收集阶段中面临的问题，特别是调查核实权的行使情形、具体适用问题，已经成为在公益诉讼案件的司法实践当中体现得最为明显的一个问题。在当前的法律制度下，应当加强对于公益诉讼案件中调查核实权的理论和实践研究，以达到有效地办理公益诉讼方面的相关案件，增强执行的实践意义的效果。[1]

二、检察公益诉讼证据收集规则的实践困境

（一）证据收集程序方面的法律法规尚不健全

2015 年 12 月 16 日，最高人民检察院正式发布并实施了《人民检察院提起公益诉讼试点工作实施办法》（以下简称《试点办法》），详细规定了检察机关在公益诉讼调查核实权方面的执行方式、目标群体以及可能的限制。2018 年 3 月 2 日实施的《最高人民法院、最高人民检察院关于检察公益诉讼案件适用法律若干问题的解释》（以下简称《检察公益诉讼司法解释》）第6 条明确规定，检察机关有权进行证据材料的调查和收集。尽管 2018 年 10 月修订的《人民检察院组织法》为公益诉讼的调查核实权提供了法律支撑，但并未对相关的程序给出明确的条款规定。最高人民检察院发布的《人民检察院公益诉讼办案规则》（自 2021 年 7 月 1 日起实施，以下简称《公益诉讼办案规则》）继续完善了《试点办法》中的条款，并对证据收集的方法进行了更为详细的列举，同时也为公众提供了一些救济措施。尽管《公益诉讼办案规则》对于调查核实权进行了完善，但没有解决该权力过于宽松和刚性不足的问题。此外，《公益诉讼办案规则》仅仅是检察机关的单方司法解释，

---

[1] 胡卫列、王菁：《关于增强公益诉讼调查核实刚性的几点思考》，载《检察日报》2020 年 12 月 24 日第 7 版。

其法律位阶相对较低，达不到检察公益诉讼制度的更高要求。[1]

调查取证、调查核实程序的相应规范对于检察机关的公益诉讼工作来说至关重要，不仅可以帮助检察机关在法律框架下依照相关法律法规开展公益诉讼检察工作，还可以帮助检察机关有效地获取案件的相关证据材料。但是在检察公益诉讼司法实践中，程序上仍存在一些不规范现象，如：检察机关在进行调查取证时，可能存在现场勘验未制作相关笔录的问题；在证据方面，可能存在因调查不全面不深入、取证过于简单，而调查的证据为孤证，证据不充分，缺乏其他证据材料予以相互印证的问题。进一步分析检察公益诉讼在调查取证程序以及证据规范化方面存在上述问题的原因：一是检察公益诉讼在调取证据方面缺乏原则性指引，检察机关在办案中缺乏取证原则和思路，缺少规范意识和规范指引，容易导致检察公益诉讼程序和证据规范化不足。二是不重视公益诉讼取证的程序性要求，比如，在调查启动程序中缺少必要的监督制约，随意性太强。同时，在制度设置中缺乏对听取调查对象或第三人意见的程序设计，调查方向太单一，难以全面反映真实情况。[2]

在进行调查核实的过程中，不规范的程序在某种程度上可能会损害取证过程的合法性。调查核实程序的不规范性主要体现为：检察机关在调查过程中，不遵循合法性原则，没有提供充分的取证依据，[3] 还有诸如检察机关单方面地拍摄了案件现场的照片，并将这些照片用作证据等。[4] 在处理公益诉讼案件的过程中，如果检察机关确实通过调查和核实获取了一些证据材料，但由于程序的不规范和不符合法律法规的相关规定，很有可能会导致这些材料在接下来的诉讼中不能作为有效的证据来使用。[5] 调查核实程序不规范的成因主要有以下两个方面：

[1] 蒋云飞：《检察机关公益诉讼调查核实权问题研究》，载上海市法学会：《上海法学研究》，上海人民出版社 2024 年版。

[2] 何莹：《行政公益诉讼证据规范化建设要点》，载《人民检察》2020 年第 6 期。

[3] 孙伟：《行政公益诉讼检察调查核实权行使困境与完善路径初探》，载《中国检察官》2019 年第 5 期。

[4] 徐本鑫、王炜：《行政公益诉讼检察调查核实权的配置与运行》，载《汕头大学学报（人文社会科学版）》2021 年第 5 期。

[5] 刘建新：《论检察环境公益诉讼的职能定位及程序优化》，载《中国地质大学学报（社会科学版）》2021 年第 4 期。

首先，现行的《民事诉讼法》与《行政诉讼法》都没有详尽规定调查核实流程。调查取证的权力与基于法律监管的调查核实权之间存在明显的不同。我国目前的法律体系在规定检察调查取证流程方面存在很大的不足。检察机关在进行调查核实的过程中，由于缺少规范的调查核实程序，常常忽视了材料获取过程的规范性。因为缺少适当的标准，调查人员未能对所收集的证据资料进行深入和系统的检查，这也导致难以确保收集到的证据是真实和可信的。第一，目前的《民事诉讼法》在调查核实程序的构建上存在一些缺陷。如果本身就没有相关法律对调取证据材料的程序规范性予以规定，那么检察人员在收集证据的过程中必然会不规范。调查核实程序规范性的缺失，导致检察机关在调查核实时忽视材料获取过程的规范性。[1]虽然调查笔录是检察机关对诉讼活动进行监督的关键方式之一，但目前我国的检察机关在进行调查取证工作时，主要还是依赖事后的审查。在法律诉讼过程中，通过非常规程序收集到的大多数证据材料并不能被认为是合格的，因此无法有效地确认案件的真实状况。第二，我国目前的《行政诉讼法》对于人民检察院在正式提起诉讼之前的调查行为虽有一些规定，但对于检察机关如何进行调查核实并没有给出明确的指导。尽管诉讼法中已有通过检索、查阅、复制相关文件等方法调查核实损害社会公共利益行为的规定，然而其描述的收集证据的流程相对简单，缺乏系统协调性。此外，检察机关在对非法取证行为进行调查时，缺少明确的程序性指导，这对检察机关进行调查和核实活动是不利的。由于公益诉讼检察的检察调查和核实流程存在缺陷，现在正遭遇一系列的挑战。这些问题主要源于当前的法律制度存在的不足，如检察机关在调查和取证方面的权限过于狭窄，缺少对整个调查流程的深入审查机制，以及检察机关在行使调查职权时的方法过于简单。因此，为了更加高效地满足公益诉讼的需求，并确保程序的合法性和规范性，我们需要修订相关的法律和法规，并明确检察机关的调查核实流程。更具体地说，我们应该进一步优化检察机关在调查取证权方面的执行规则，并进一步明确检察机关在案件事实认定方面的审查准则以及证明责任的承担方式。这种做法不仅可以提高公益诉讼

---

[1] 赵勇、徐本鑫：《论公益诉讼检察调查核实所获材料的证据资格——以环境资源领域案件为例》，载《江西理工大学学报》2022 年第 4 期。

检察的效率和实施性，还有助于保持法律监督机制的完整性。

其次，我们必须认识到，《公益诉讼办案规则》在加强和规范公益诉讼检察工作方面虽发挥了积极作用，但并未明确列出公益诉讼检察调查核实的具体步骤。因此，在司法操作过程中，检察机关仍需对公益诉讼的检察调查和取证机制进行进一步的优化和完善。尽管《公益诉讼办案规则》已经清晰地列举了各种调查核实方法和调查报告的制定流程，但在公益诉讼检察调查核实过程中的具体操作和监管机制等方面，并没有提供明确的指导方针。在我国的司法操作中，当检察机关发起公益诉讼时，仍存在众多亟待解决的问题。在《公益诉讼办案规则》中，仅有14条通用条款涉及公益诉讼检察案件的调查和核实问题，这导致了关于调查和核实程序的具体条款变得模棱两可，也没有给出详尽的细节要求。对一线办案人员而言，对制度的理解要求更加严苛。此外，检察机关并未设立专门负责调查和核实的部门，导致了调查和核实工作不能由专门的相关人员来完成，从而在实际执行调查和核实任务时，检察机关常常面临着操作不规范和效率不高的问题。虽然《公益诉讼办案规则》明确指出，检察机关有权使用如执法记录仪这样的技术工具，但在使用技术工具时若没有同步录音录像，就无法保证证据收集过程的合法合理性，从而增加了证据收集的风险。至今，我国的各个地方检察机关都已经构建了一个统一的公益诉讼检察调查取证的标准和方法体系，但由于缺乏详细的操作规定，各地检察机关在实际操作中存在较大的差异。因为缺少明确的法律条文，各个地方的检察机关在执行公益诉讼的调查核实过程中，都采用了各式各样的手段和步骤。因此，我们迫切地需要对现有的法律和法规进行修正和完善，以确保从公益诉讼的检察调查收集到的信息中能够获得客观合法的证据，并为检察工作提供更为明确和规范的指导。

（二）证据收集的调查权不完善

1. 调查权的性质不明确

每一个参与诉讼的主体都有权进行调查和收集证据，不论诉讼的种类或案件的性质如何改变，这个原则都是公平适用的。但是，根据案件的不同性质，调查权的性质可能会有所区别。在刑事审判过程中，在公安部门侦查案件和监察制度改革之前，检察机关独立处理的案件在调查和取证时通常会涉及强制手段，如查封、扣留、冻结财产或限制个人自由等。在这样的背景下，公安部门和检察机关的调查权限呈现出权力的特点，并带有公共权力的属性。在民事诉讼的过程中，普通的民事诉讼参与者有权进行调查，但这种权利往往不涉及强制措施，这与刑事诉讼中的公权力性质存在差异。

在涉及公益诉讼的情境下，检察机关的调查权限是否应被视为具有强制执行的效力，是一个值得深入研究的议题。检察公益诉讼具有其独特的诉讼属性。当国家或社会公共利益受到严重威胁时，若无人来提起公益诉讼，那么公共利益的这种损害就有持续扩大的可能性。在这样的背景下，检察机关以公益诉讼公诉人的身份启动法律程序，提起公益诉讼，其主要目的就是最大限度地维护国家与社会的公共利益。简单来说，检察公益诉讼构成了保护国家和社会公共利益的最终防线。所以，有一部分学者对此持有如下观点：鉴于检察机关所具有的独特身份和任务使命，它们在进行公益诉讼时应当被赋予特定的权力，其中包括拥有强制的调查和取证的权力。这一观点突出了检察机关在公益诉讼中的独特角色，并认为若不给予检察机关特定的调查权限，它们在公益诉讼中的优越地位将难以完全体现。尽管检察公益诉讼具有其独特的性质，但仍有部分学者持有与之不同的观点。他们主张民事公益诉讼本质上理应属于民事诉讼的领域，并应遵循民事诉讼的核心原则，确保诉讼双方当事人地位的均衡。给予检察机关强制的调查和取证权限可能会破坏现有的平衡，特别是考虑到检察机关本身已经具有法律监督的权力而言。因此，这些学者坚定地认为，检察机关不应被赋予强制进行调查和取证的权力。[1] 总的来说，关于检察机关在公益诉讼中的调查权性质的争议仍然存在，这是一个需要权衡各方不同利益和权力的问题，需要在实践中进行深入的研究和讨论。

2.调查权缺乏有效保障措施

虽然法律认可了检察机关的调查核实权，但对于如何保障该权力却没有

---

[1]　李佳航：《我国检察民事公益诉讼存在的问题及对策》，载《湖北经济学院学报》2019 年第 10 期。

相关条款。尤其在公益诉讼案件中，当被调查对象不配合调查取证，检察机关的调查人员应如何采取适当的保障措施以确保调查工作能够顺利进行，这一点在法律上并没有得到明确的指引。依据《检察公益诉讼司法解释》第6条规定，相关单位有责任与检察机关合作进行调查和取证活动。但是，这一司法解释没有明确指出，如果相关单位不配合，检察机关可以采取哪些具体措施，这个法律上的空白可能会导致公益诉讼的证据收集过程受到阻碍。若不实施相应的强制手段，检察机关可能面临取证困难，但若措施执行不恰当，可能会对相关单位和个体的合法权益造成伤害。因此，存在一个迫切的需求，即法律需要明确规定不配合调查的情况下应采取的措施，以确保检察机关在公益诉讼案件的证据收集阶段能够既有效又合法，这就需要法律进行明确的规定，并在实践中进行谨慎的操作。

检察机关使用调查权的过程有赖于被调查人的配合，但被调查人往往会回避一些重要的相关信息。比如，检察机关运用调查权询问个人一些信息时，很多人可能会选择不配合，使用个人信息不能够调查、自己也不知情、系统故障等理由来搪塞调查人员。在调查询问一些单位时，相关单位往往会说，这是属于本单位的商业秘密和内部信息，不能够为外人所知晓，以此来拒绝配合检察机关的调查核实工作。[1] 当然，检察机关在行使调查权时还会遇到一个巨大的阻力，就是行政机关。因此，检察机关对行政机关行使调查权时，比较容易受到行政机关的掣肘，很难实现其调查权的行使效果。以查阅相关案卷文件为例，各相关单位通常只愿意提供对其有说服力的证据，而不是从一个客观的视角出发来提供必要的证据，这常常导致它们以各种不同的理由拒绝提交相关的案卷文件资料，甚至还有一些单位会提前规定一些复杂烦琐的案卷调取流程，以此来影响检察机关正常调取案卷。[2] 在民事公益诉讼领域，有些地方行政部门用吸引投资的理由，要求检察机关不要介入调查。[3]

---

[1] 廖秀健、钟雪、刘白：《监督与制约：检察机关行使调查核实权的困境及其改进》，载《西北民族大学学报（哲学社会科学版）》2019年第3期。

[2] 王万华：《完善检察机关提起行政公益诉讼制度的若干问题》，载《法学杂志》2018年第1期。

[3] 曹军：《论民事公益诉讼中检察机关的调查取证权》，载《探求》2017年第6期。

对此，深入探讨其原因是，相关的法律和法规并没有明确规定调查核实权的具体运行保障措施。尽管《检察机关民事公益诉讼案件办案指南（试行）》和《检察机关行政公益诉讼案件办案指南（试行）》对这些保障措施作了一些规定，但这些规定主要是宣誓性的，缺乏强制执行力，因此在执行调查核实权时，很难取得良好的效果。这表明，调查核实权实际上是一种"没有强制力的义务约束"。[1] 由于在公益诉讼案件中缺少保障调查权的强制性措施，调查核实权很难落到实处，很容易出现调查对象不予配合的现象。

3.调查取证的方式单一

当前，现行法律对于检察公益诉讼中调查核实方法的规定并不清晰，主要是依靠司法解释对调查核实方法进行相应的规定，如《检察机关民事公益诉讼案件办案指南（试行）》《检察机关行政公益诉讼案件办案指南（试行）》《公益诉讼办案规则》等文件。这些文件通过多种方式规定了检察公益诉讼中的调查核实方式、方法，其中主要包括查阅相关案卷、询问相关人员、收集证据、咨询专业意见、委托鉴定评估、勘验现场等内容。同时，检察公益诉讼主要集中在民事和行政案件领域，检察机关作为诉讼主体，并不能采用一些刑事案件中常用强制性的措施来帮助查案，更不能够限制人身自由或者查封个人或公司财产等，调查取证方式较为单一。此外，在检察行政公益诉讼和检察民事公益诉讼案件中，由于诉讼主体不完全相同，调查方式和方法上存在较大区别，但当前采用统一的调查取证模式并不能满足实践当中的需求，这个问题有进一步区分探讨的空间。

当前，虽然相关法律法规授予了检察机关在公益诉讼案件中可行使多种调查核实方式，运用多种调查方式进行调查，但通过查阅案件和对有关人员进行询问来调查还是最常用、最普遍的方式。[2] 并没有真正将各种调查核实方式运用到具体案件之中，这其中包括很多方面的原因，比如取证成本较高、

---

[1] 万毅：《〈人民检察院组织法〉第21条之法理分析》，载《国家检察官学院学报》2019年第1期。

[2] 胡卫列、王菁：《关于增强公益诉讼调查核实刚性的几点思考》，载《检察日报》2020年12月24日第7版。

证明力不充足等。在检察公益诉讼中，对于检察机关的证据收集标准要比一般民事案件和行政案件的标准高，要求检察机关的证据收集要无限接近审判机关的调查规范和证明标准，[1] 这在一定程度上对于检察机关所提出的证据收集进行了限制和约束。目前，较为单一的调查核实方式并不能达到预期的高标准要求，检察机关的调查取证也将更为困难。一般而言，在检察行政公益诉讼的领域内，检察机关需对行政机关的法定职责、权限和法律依据进行审查。然而，在实际操作中，检察机关主要通过检索相关的法律法规来核验行政机关的监管职责及其诉讼资格。检察机关常常依赖行政机关提供的行政执法证据来进行调查取证，采取一种"拿来主义"的方法，而并没有进行实际的调查和核实行政证据的真实性。[2] 在处理检察民事公益诉讼的过程中，检察机关有责任对"社会公共利益受到损害""侵权行为人和责任分配"等问题进行调查。然而，在实际操作中，检察机关依然采用传统方法对相关案件进行核查和调查，[3] 没有充分考虑公益诉讼案件的特殊性质，也没有根据实际状况来行使其调查和核实的权力。在检察民事和行政公益诉讼领域，调查核实权的行使并不充分，调查手段、调查的方式方法较为单一，主要包括调取相关证据材料和询问当事人或案外人的方式，[4] 没有很好地落实法律法规所规定的内容，没有把调查核实权贯彻落实。

4. 信息共享机制不健全

当前，我国信息共享机制存在一些不足。检察机关虽然作为公益诉讼案件的起诉机关，但对于相关公益诉讼信息的了解并不够全面和充分。为了确定是否存在侵权行为和损害事实，检察机关很多时候需要走访受侵害的人群，

---

[1] 曹建军：《论检察公益调查核实权的强制性》，载《国家检察官学院学报》2020年第2期。

[2] 胡婧：《行政公益诉讼领域检察调查核实权之理论证成与体系化建构》，载《甘肃政法学院学报》2020年第4期。

[3] 刘辉、姜昕：《检察机关提起民事公益诉讼试点情况实证研究》，载《国家检察官学院学报》2017年第2期。

[4] 董坤：《新时代法律监督视野下检察机关调查核实权研究》，载《内蒙古社会科学》2020年第6期。

并且到涉嫌侵权的主体中去针对有关问题开展广泛的调查核实工作。虽然各地各级政府以及相关部门、单位可能拥有案件的相关信息材料，但由于各种原因，并未能建立起统一的沟通平台，因此很多第一手的信息并未直接传达到检察机关，这也给检察机关办理相关公益诉讼案件增加了巨大困难。因此，在调查和收集证据时，检察机关需要花费大量时间和司法资源，影响了司法效率。此外，公益诉讼的相关案件会涉及相关方的利益，但检察机关在向相关诉讼当事人调查信息资料时，很难得到关键信息。因此，有必要在全国范围内构建一个信息共享平台，优化和完善现有的信息共享途径，以确保检察机关能够及时和有效地获取与公益诉讼相关的案件证据，并完成对相关案件真相的深入调查工作。

（三）证据收集主体力量薄弱

1.人员数量不足

目前，检察机关面临着检察公益诉讼案件迅速猛增，但检察机关的人数存在严重短缺的现状。检察公益诉讼是检察机关一项新的职能，即在刑事检察、行政检察、民事检察之后的新的检察职能。由于设立时间较短和检察公益诉讼案件环节较为复杂、案件待证事项较多等，检察公益诉讼仍面临检察调查人员数量不足的现状，而检察机关在公益诉讼案件中本身就面临着调取证据工作难以顺利开展的问题，因此，人数不足问题又给检察公益诉讼的证据收集工作带来了不小的难度，应当对检察公益诉讼进行人员补充。

2.队伍不够专业

在司法领域中，检察公益诉讼作为一个新兴的工作领域，其工作人员依然依赖传统的民事行政检察办案人员。[1] 然而，传统的民事和行政检察主要依赖书面审查，这使得传统的公开审查方式难以满足检察公益诉讼在调查和证据收集方面的需求。由于公益诉讼案件通常包含复杂的事实和难以获取的证据，因此需要具有专业知识和技能的人员来进行调查和收集证据。

与此同时，随着我国社会主义现代化建设步伐的加快，检察机关在公益

---

[1] 王新建：《公益诉讼"检察官＋法官"调查取证模式研究——以 D 市检察机关实践为分析样本》，载《检察调研与指导》2019 年第 1 期。

诉讼方面的受理范围也在逐渐扩大，已经覆盖了多个领域，包括未成年人保护、安全生产、个人信息保护、反电信网络诈骗、英雄烈士保护以及网络治理等多个方面。在新时代新领域的背景下，对检察机关队伍的专业水平也提出了更为严格的要求和标准。然而，现有的检察业务人员通常缺乏相关经验和专业技能，因此需要进一步培训和引入具备相关专业背景的人员。

3. 调查能力不强

公益诉讼中的证据往往具有专业性、隐蔽性、复杂性等特性，这些特性决定了检察机关的工作人员在收集证据时必须拥有足够强大的调查取证能力。然而，当前检察机关并不充分具备相应的调查取证能力，缺乏具有专业知识和技能的人员。同时，一些公益诉讼的证据收集需要各种专业设备和专业装备，比如，在环境污染案件中，检察机关需要专业的空气检测装备、土质检测仪器等装备，才可以采集到相应数据，获取证据材料。由于检察机关并不具备上述专业装备，导致调查证据的相应能力不足。同时，检察机关通过相应流程借到专业设备，但由于有些公益诉讼的特性，导致了证据的不可靠性。提高检察机关的调查取证能力和弥补专业技术设备的缺失是当前公益诉讼中亟须解决的问题。

三、检察公益诉讼证据收集规则的完善建议

（一）规范证据收集程序

首先，我们要更新和修订《民事诉讼法》与《行政诉讼法》的相关条款。同时，也需要强化和优化检察公益诉讼中的证据收集流程，使得收集程序更规范，以保证收集到的所有材料都尽可能具有证据资格，从而能够作为合法有效的证据来使用。此外，应该在《民事诉讼法》第210条的基础上加入新的条款，明确规定检察机关因提起公益诉讼的需要，有权对当事人或案外人进行调查和核实相关情况，同时要对公益诉讼检察调查核实程序的详细内容予以规定。在对《行政诉讼法》中有关证据收集程序进行修订时，应当总结检察机关在公益诉讼中的司法实践经验，进行修订。应该建立一个更加详细的公益诉讼检察调查核实程序体系，规范证据收集程序，以确保在诉讼过程

中所收集到的材料具有充分的证据资格。举例来说，当需要委派专业的鉴定机构进行鉴定时，检察机关必须提供一份明确的授权鉴定委托书。该委托书要有检察机关的公章，要详细列出委托单位和委托事宜；鉴定意见要涵盖具体的鉴定内容、方法和依据等，同时还需要包括参与人员的签名、鉴定机构和人员的资质信息等。这些修订和增补将有助于明确检察公益诉讼的调查取证流程，以确保收集到的材料具有合法性和证据资格。

其次，迫切需要在公益诉讼领域研究并制定专门针对公益诉讼的《公益诉讼法》，以完善增补现有的零散的法律法规，健全公益诉讼法律体系。目前，检察公益诉讼涉及的法律结构主要由 2 部基本法、9 部特别法、2 个司法解释和地方性法规组成。与检察公益诉讼直接相关的法律条文屈指可数，并且主要是一些原则性的规定。另外，虽然《检察公益诉讼司法解释》和《公益诉讼办案规则》中已有一些调查核实的相关条款，但由于这些规定并不全面，仍存在着性质界定模糊等立法上的不足。同时，从另一个角度来讲，司法解释的效力是低于法律的，因此，迫切需要出台一部《公益诉讼法》。该法应旨在构建一个相对完整和系统化的调查核实权操作体系，以确保调查核实权能够有效地执行。在研究制定《公益诉讼法》时，应对证据材料的取证程序予以详尽规定。比如，对通过鉴定、评估、审计等方式取得资料的，应当规定须委托有专业资质的单位办理，[1] 并要求按时报送原始材料和鉴定意见、评估报告及审计报告须有对应专业人员签字，拒不签字者还需要清楚记载；开展现场勘验工作，检察人员应当出示工作证、请求见证人到场、制作勘验笔录，附勘验人签名、当事人签名、见证人签名。[2] 另外，为完善调查规范程序，应当设立上级监督机制，上一级检察机关要定期开展案件质量评审工作，着重对文书的制作、调查核实的手续和资料的取得流程等进行审查，保障检察机关的证据收集的合法性。[3]

---

[1] 戚文元：《农产品产地环境污染侵权诉讼实证研究》，载《江西理工大学学报》2020 年第 2 期。

[2] 周海源：《行政公益诉讼中检察机关调查核实权的界定》，载《安徽师范大学学报（人文社会科学版）》2021 年第 5 期。

[3] 朱进、许学进、李文浩：《落实检察公益诉讼调查核实权应有配套机制》，载《人民检察》2020 年第 21 期。

（二）完善调查权的内容及其保障措施

1.明确调查权的性质

在民事公益诉讼中，调查权是检察机关承担起公益诉讼起诉人职责的必要手段。宪法赋予了检察机关法律监督权，而其又派生出了调查权，因此调查权具有一定的强制性。检察机关作为公益诉讼的主要起诉方，有权力也有责任证明其诉讼主张，并享有法律赋予的调查核实权。从这个角度看，检察机关在公益诉讼案件中享有的调查权具有权利和权力的双重特性。检察机关在公益诉讼中行使调查权时是否具有强制性权力属性，对此学界争议颇大。笔者认为，如果检察机关的调查核实权没有强制性，那就无异于一般组织或者个人作为原告提起的公益诉讼，也就忽视了法律规定检察机关作为公益诉讼起诉人背后的考量意义，同时也代表着检察公益诉讼制度失去了其存在的价值。如果检察机关拥有强制调查权，那么就可以在一定程度上减少检察人员在调查收集证据过程中的阻力，减少被调查者完全不予配合调查的情况发生，便于更及时地了解案件情况，提高检察人员的办案效率，从而更好地维护社会公共利益。因此，笔者认为应当赋予检察机关强制调查权。

《人民检察院组织法》第21条以及《检察公益诉讼司法解释》第6条均对检察机关在公益诉讼中的调查权限进行了明确的规定。这两条法律规定明确指出，在处理公益诉讼案件时，检察机关有权进行调查核实和证据收集，并且都要求被调查者必须配合。但是在所有与民事诉讼、行政诉讼相关的法律和法规中，没有一项法律明确要求，在进行调查取证或收集证据的过程中，被调查的当事人若不配合可以采取何种措施。从法律角度分析，检察机关在处理公益诉讼案件时的调查权与一般民事诉讼主体的调查权存在差异，这意味着检察机关的调查权在某种程度上是强制性的。虽然《检察机关公益诉讼案件办案指南（试行）》已在调查保障方面有一些规定，但是该规定效力不高，并且一些宣誓性的基本性的规定并不能为调查和收集证据活动提供充分的保障。相关法律法规的不完善，以及对于调查权的性质规定的不明确，使得检察机关在进行调查时其职权受到了明显的限制。

2.确立调查保障措施

（1）健全调查核实的强制性措施保障

当前，检察公益诉讼调查核实权必须配备一定的强制力保障措施，如果没有足够的强制力保障措施的支撑，那一定会出现上文所提及的调查对象不配合、采用各种理由推诿等情况，从而对检察公益诉讼的案件调查产生重大影响。在实践中，检察机关在公益诉讼案件中如果并不具备强制性措施作为保障，那么很难实现其调查效果。不论是在检察民事公益诉讼案件或者检察行政公益诉讼中，缺少强制性的措施作为保障，调查对象很难对相关的案件进行配合，导致检察公益诉讼案件调查难度巨大。如果检察机关有相应强制性措施作为保障，那么面对不予以配合调查核实的个人和机关，检察机关可以出具检察建议予以纠正，严重者可以采用更为严格的强制措施。[1] 具体实施方面，首先，从主体方面进行分类，可以分为行政机关、企业事业单位、社会团体和个人。如果这些主体阻碍检察公益诉讼的相关调查，可以对上述主体出具检察建议对他们的行为进行纠正。其次，对在送达上述检察建议时，相关方进行阻挠推诿妨碍检察建议送达的情况，分类进行讨论，如果是行政机关、企业事业单位、社会团体，可以采用向其上级单位出示检察建议的方式，请求上级机关采用"更换承办人"等方式来达到相应的效果，以保证检察公益诉讼的起诉效果；如果是个人，在出具检察建议不遵从的情况下，可以采用更为强硬的措施。检察机关还应当要求检察建议的相关对象积极履行限期回应与说理义务，如"在一定期限内对于检察建议进行回复"，以达到检察建议的效果，更好地实施检察公益诉讼。

当检察公益诉讼的调查和核实遭遇阻碍时，应赋予检察机关司法警察介入的权力。司法警察可以协助检察官在调查受阻的情况下，推动相关案件的进行，并赋予他们使用警棍等武器来抵抗某些当地组织的武装暴力，从而排除妨害案件的查证。在严重的情况下，司法警察应具有逮捕严重闹事者的权力，以确保公益诉讼案件能够得到有效的调查。另外，在处理检察公益诉讼

---

[1] 李佳丽：《检察公益诉讼调查核实权的实践反思与制度重塑》，载《重庆交通大学学报（社会科学版）》2023年第1期。

案件时，对于调查核实不配合的相关单位和人员，检察机关可以选择约谈单位负责人，定期向同级人大常委会报告，或向同级政府或上级主管部门通报。

（2）确立被调查者权利救济的保障措施

在公益诉讼领域，在确保检察机关享有强制调查权的基础上，我们还需进一步加强其监督与约束机制，确保其行使权力不被滥用。比如，对于调查地点、调查方式、强制手段、询问地点等都应当作出明确的规定，既要保证检察机关对公益诉讼案件的有效调查，也要保障被调查对象所应当享有的权利。同时，还应当设立相应的救济措施，如果检察机关在公益诉讼领域适用强制措施损害了被调查对象相应的权利，被调查对象可以向上级检察机关提起复议，来保障自己的权利。这也在一定程度上起到了约束检察机关的效果，让检察机关审慎用权、合理用权，不能一味、盲目地使用强制措施。此外，也需要强化对检察机关的监督，确保其行使权力的合法性和合理性。只有这样，检察机关才能真正成为维护社会公共利益、维护社会公平正义的有力保障。

3. 增加调查方式

首先，在检察公益诉讼司法实践当中鉴定难的问题比较突出。对此，第一，针对目前存在的鉴定费用过高的问题，可以探索建立先进行鉴定后进行交费的鉴定评估机制，鼓励具有相关鉴定资质的鉴定机构先免费进行鉴定，待案件审判终结后再由败诉者支付费用；或采用先由金融机构垫付鉴定评估费用、检察机关负责支付佣金，胜诉后费用再退还给金融机构等方式，[1]避免因鉴定费用给案件办理带来困难；同时对于公益诉讼案件可以开设针对鉴定的专门资金账户。第二，鉴于鉴定资料的保存困难和易于丢失的特性，可以在适当的时机采取证据保存等方法，向法庭提出协助保存鉴定资料的请求。在司法实践中，对于鉴定材料的保全需求日益凸显。审判机关可考虑建立专门的鉴定材料保管机构，统一负责收存各类鉴定材料，并采取数字化、备份等方式加以保存，以破解鉴定材料易失的难题。同时，可以设立鉴定材料

---

[1] 秦长胜：《检察公益诉讼证据问题研究——取证、举证、质证与认证》，载河北省委法制办等：《第九届法治河北论坛文集（下册）》2018年版。

保全基金，用于支持鉴定材料的保全工作，确保司法审判的公正性和有效性。第三，要明确鉴定机构是否具备相应资格和条件，以及在鉴定中应当注意哪些事项等问题。当鉴定机构在查找上遇到困难时，可以从鉴定机构的审批流程开始，鼓励更多满足相关标准的鉴定机构加入专业鉴定机构的候选名单中。

其次，要将专家证人和专家的意见视为关键的重要补充材料，要明确专家证人的权利与义务。如果遇到专业性很强的案件或重大疑难问题，可委托专业机构提供技术支持，并由专业人员进行调查研究。根据相关规定，当事人有权要求具有专业知识的人在法庭上作证。而在检察公益诉讼中，这种取证方法也是可行的。如果遇到专业性问题，且不能确定相关结论，可以申请专家证人作证。如果需要确定案件事实或法律关系的性质，可以委托具有专业背景的专家参与调查，并由他们出具证言。此外，可以成立专家委员会，当遇到专业疑难问题时，向专家请教。在司法实践中，专家证人的作用越发凸显。然而，专家的选拔和利用也需谨慎。须建立严格的专家审核机制，确保其独立客观性。同时，要加强对专家意见的审查，避免主观偏见带来的不良影响。只有如此，专家证人才能真正成为司法公正的有力支持。

4. 完善信息共享机制

首先，推广和宣扬检察公益诉讼的核心价值是绝对必要的。大众应当认识到公共利益的价值，明白哪些是损害公共利益的行径，并明确应该向哪些机构或途径报告这些行为。例如，我们可以通过网络平台来推广司法实践中的经典案例。在推广司法实践中的经典案例的同时，我们可以通过举办公益法律知识讲座、策划公益法律宣传展览等形式，向社会大众传递法治理念，激发公民的法律意识和责任感。只有当每个人都认识到自己是法治社会的一部分，才能更好地保护社会公益，维护公平正义的法治环境，并鼓励人们积极地发现和举报对社会公益有害的行为。

其次，拓展建立一个便利的举报渠道变得尤其重要。2022年7月上线"益心为公"检察云平台。志愿者可将公益损害问题通过该平台反映。因此，可以借助现有的互联网和手机等媒体开展举报工作。为了避免公众在进行举报时遭遇难题，各地的检察机关可以设立电话或在线举报服务中心平台。这类平台为公众提供了一个渠道，当发现可能损害公共利益的行为时，可以通过上传相关的图片或视频来迅速报告所发现的问题。这样，检察机关就可以筛选和验证相关信息，锁定案件的线索和证据，并对公众提出的问题进行及时的反馈。我们需要打造一个简洁高效的举报平台，让每一个声音都得到应有的关注和回应。

最后，强化与其他有关部门之间的信息交流和合作机制显得尤为关键。检察机关以及其他相关机构应当构建一个信息共享的工作流程，并搭建一个全面的信息输入和共享平台。各有关部门应负责及时录入与案件有关的信息到系统中，并确保信息的安全与时效性，以便在日常操作中实现信息的有效共享和问题的快速发现与解决。此外，我们还需要加大对各相关部门的监督和推动力度，确保各方能够紧密合作，从而有效地进行案件的调查工作。只有采取这种方式，我们才能确保公益诉讼的流畅进行，并为维护社会的公平与正义打下坚实基础。这些措施将助力检察机关更有效地收集案件相关信息和证据线索，从而促进检察公益诉讼工作的顺利进行。

（三）加强检察机关队伍建设

1. 增加人员配备

首先，在团队建设方面，可以考虑与司法警察团队的合作模式。在这种合作模式下，司法警察团队可以与检察机关密切配合，共同制订证据收集的具体方案，共同完成证据收集任务。司法警察可以发挥他们的专业技能，帮助检察机关更加高效地完成证据收集工作。他们在熟悉现场调查和证据保全流程的前提下，能够在现场迅速作出正确的判断和处理。他们也会按照程序规定，严格保护现场，确保证据的完整性和可靠性。这种跨部门合作不仅可以提升办案效率，还能够增强法治意识，促进司法公正，加强司法机关之间的沟通与配合，形成更加紧密的合作关系，为司法工作的顺利进行提供有力保障，进一步推动司法体系的现代化建设。

其次，在吸引人才的过程中，我们需要特别重视引入那些具备证据收集经验的专业人员。在检察系统内进行培养和储备人才是非常有必要的，这样才能够保证司法资源得到充分利用，为检察机关开展公益诉讼活动提供支持。为确保检察公益诉讼的处理人员充足，我们可以采用如招聘、选拔、临时调派、挂职等多种灵活策略。同时还要建立起一套完善的培养制度来提升检察官素质。此外，我们也可以考虑利用"外部大脑"来应对人手不足的挑战。例如，通过聘请外部律师作为法律顾问或者委托律师担任代理人来帮助检察机关完善法律制度体系以及提升办案水平。"借用外脑"的策略主要是指善于运用检察机构外部人员的智慧和经验，因为无论检察机构的规模有多大，总存在一些难以解决的问题。例如，一些基层检察机关往往面临着办案任务繁重、案源有限的问题。因此，检察机关可以通过与专业单位建立长期合作关系，更加灵活地调动资源，共同培训法律人才，一起探讨案件中的法律和技术难题。这种合作不仅可以提高案件办理的效率和质量，还能够促进法律系统的发展和完善。

最后，要建立一套完整的制度体系来培养检察官运用"外脑"解决问题的能力，包括完善相关法律法规、制订专门培训计划以及构建相应的考核评价机制。这些建议的实施方式不仅保证了检察团队能够持续获得新的案件处理经验和技能，也确保了在处理复杂问题时，检察机关能够积极寻求专家的意见和策略支持。

2. 加强实务培训

我们要对负责处理检察公益诉讼的相关部门提供常态化的专门培训。尽管我国的检察机关已经进行了大量关于检察公益诉讼的培训，但这些培训的实际效果并未达到预期。针对检察机关在证据收集方面可能面临的经验不足问题，可以对其加强实务培训。可以采取将理论与实践相结合的培训方式，在培训过程中，专家深入浅出地解读复杂的法律条文，将抽象的理论与实际案例相结合，可以为检察官打开新的认知之门。他们通过生动的案例分析，引导学员逐步厘清思路，有利于提升他们应对复杂法律问题的能力。在这样的培训中，专家不仅可以分享自己的经验和知识，还能够与检察机关的工作人员进行深入的交流与互动。这种密切的合作关系有助于检察机关更好地理解和应对公益诉讼中的挑战，提升检察人员的专业能力和素养。因此，定期举办此类培训不仅有助于弥补检察机关在公益诉讼领域的不足，还能够促进相关领域专家与检察机关之间的良好合作关系，共同推动公益诉讼事业的发展。

这种做法不仅可以帮助检察人员更好地理解相关的法律条款和实际应用场景，还能增强他们的专业知识，并进一步推动检察公益诉讼的工作开展，更有效地实施公益诉讼制度。以辽宁省丹东市人民检察院为例，其将调查和取证的实践操作转变为培训课程，为其他检察机关带来了非常有价值的实践经验。经过深入的调查和研究，我们发现当前的环境污染问题已逐渐成为我国社会进步的主要挑战，同时，现有的环境侵权诉讼制度已经不能满足当前的需求，因此，建立一个专门针对环境污染问题的解决机制变得尤为重要。丹东市人民检察院公益诉讼办案组在勘查相关现场时，组织了一次专题培训会议，并邀请了多个相关的单位进行专业指导和教学活动。经过一系列的实践活动，办案人员在现场调查环境犯罪和专业勘查技术方面的能力得到了显著提升，同时也提升了他们在发现、收集和固定证据方面的效率和速度。加强实务培训可以使办案人员高效地掌握诸如环境污染调查取证的专业知识和现场勘查技术，为证据收集工作提供知识、技术和经验支持。此外，这种培训方式不仅展现了创新性，而且通过实地观察和学习，还成功地将理论知识与实践操作紧密结合，使办案人员能够更好地理解和掌握法律规定，加强其证据收集能力。通过实施这种培训方式，检察机关在处理公益诉讼案件时的专业性和效率会显著提升。办案人员在面对复杂案件时能够迅速识别关键问题，有效采集和分析证据，确保证据的合法性和充分性。将这种培训方式广泛应用于检察机关的公益诉讼证据收集中，将会进一步提升证据收集的效率和质量。

3. 加强办案人员的证据收集能力

在公益诉讼案件中，由于证据具有多元性、专业性以及易灭失的特性，仅仅依靠自然人的力量进行收集比较困难。因此，为了迅速且高效地收集相关的证据，我们可以采用如无人机、机器人等尖端技术，并运用土壤检测仪和气象遥感设备等专业工具。伴随着科技进步，刑事侦查领域已经采纳了一些前沿的科技方法。现阶段，检察机关在使用高科技的专业技术工具进行调查和证据收集时，仍有一些明显的短板。因此，检察机关一方面有必要设立专门的技术设备经费来购置相关的设备；另一方面为了更好地提高专业技术设备的利用率，检察机关还应该加强对人员的培训和技术支持。可以制订定期的培训计划，使检察人员不断提升技能水平，适应新技术设备的更新换代。同时，建立技术支持团队，为检察人员提供及时的技术指导，解决在实际操作中遇到的问题，确保技术设备能够发挥最大效用。此外，检察机关除了要与环境、气象和食品药品监管部门建立数据共享机制，以便更好地进行调查收集证据之外，还应该加强与高校、科研机构的合作。通过与科研院所建立合作关系，可以获取最新的科研成果和技术支持，从而提升技术水平和办案效率。

党的二十大报告从推进国家治理体系和治理能力现代化的高度明确提出完善公益诉讼制度。[1] 检察公益诉讼制度是公益保护领域中的一项创新实践和成果，它通过行政和民事公益诉讼的形式，促使行政机关履行其职责，并追究违法者的民事责任，从而为法治国家的建设提供了强有力的支持。同时，该法律规定不完善、司法适用上存在问题等，造成检察机关提起的公益诉讼案件数量较少。但是，在公益诉讼的检察制度中，证据材料的搜集和调查直接影响到案件处理的进度和成果。目前，我国法律中关于检察公益诉讼证据的调查收集规定不完善，使得检察机关无法全面了解案件事实，也难以对当事人提起公益诉讼行为进行有效监督。检察机关应当选择哪种方式来进行调查和取证，将直接决定公益诉讼案件处理的成效，进而影响检察公益诉讼制度的成功与否。

尽管检察公益诉讼制度有助于维护国家和社会的公共利益，以及保障人民群众的合法权益，但在证据收集方面也存在一系列问题，如证据调查核实程序不规范、调查权性质不明确、缺乏调查权保障措施、调查取证方式不足、信息共享机制不完善、证据收集主体力量不足等。这主要是由我国检察机关对公益诉讼证据收集重视程度不够，法律规定模糊，检察机关工作人员素质

---

[1] 徐欢忠、徐本鑫：《调查核实权：公益诉讼检察调查取证模式的反思与调适》，载《昆明理工大学学报（社会科学版）》2023 年第 5 期。

参差不齐等造成的。为了应对这些挑战，我们需要实施多种策略，包括对证据调查核实流程的规范化、明确调查权的本质、强化其保护措施、增加人手、加强实务培训、增加调查方式等，从而全方位地完善检察公益诉讼的证据收集机制。对于检察机关证据收集制度进行完善，将有助于更有效地推进法治国家的建设和对公共利益的维护，同时确保检察公益诉讼制度能够有效地运作。

第八章

二审检察机关补充收集证据制度

　　1954 年《人民法院组织法》实施后，我国法院审理案件的级别制度被更改为四级两审制，也就是两审终审制。虽然二审制度由来已久，但我国现行法律并未对二审检察机关补充收集证据作出具体规定，使得二审检察机关是否需要补充收集证据一直受到各种质疑。司法实践中，二审案件出现证据不足等情况时，二审检察机关补充收集证据的行为及其正当性，均存在一定疑问。以上这些疑问的产生与当前法律对二审检察机关收集证据的规定不够完善有着一定的关系。因此，本章以当前检察机关在案件二审中开展补充收集证据工作时面临的问题为基础，探索二审检察机关是否应当开展该项工作和该项制度存在的法律和理论基础，以及补充收集的方式、程序、后果、救济等重要问题，继续完善二审检察机关补充收集证据的具体制度规定。

一、二审检察机关补充收集证据制度的建构历程

　　我国诉讼实行两审终审制，一审是基础，二审是保障。检察机关对证据进行补充收集的情况在刑事二审程序中长期存在。2001 年《刑事抗诉案件出庭规则》第 14 条规定，二审检察机关可以提出新证据。2012 年《人民检察院刑事诉讼规则》第 476 条规定，检察人员在阅卷时，必要时可以补充收集证据，也可以要求原侦查机关进行。这条规定包括了所有在二审中开庭审理的案件，并开始在法律规定中使用"补充收集证据"一词。目前，二审检察机关补充收集证据制度的规定在我国《刑事诉讼法》的几次修改中并没有很

大变动，我国检察机关在案件二审中补充收集证据的有关制度主要规定在现行《刑事诉讼法》和《人民检察院刑事诉讼规则》中。《刑事诉讼法》第242 条规定，二审法院审判案件的程序，除本章已有规定的以外，参照一审程序的规定进行。因此，二审检察机关补充收集证据基本按照一审补充收集证据程序设置进行。

在审查起诉阶段，《刑事诉讼法》第 175 条规定，检察机关对于需要补充侦查的案件，可以退回补查，也可以自行侦查。因此，在现行的《刑事诉讼法》中并没有对检察机关在案件二审中补充收集证据作出详细规定，只是标明依照一审的有关规定开展该项补充收集工作。检察机关决定自行侦查的，法律没有赋予其额外的侦查期限，但应当在审查起诉期限内完成补查工作。

在法庭审理阶段，《最高人民法院关于适用〈中华人民共和国刑事诉讼法〉的解释》（以下简称《刑事诉讼法解释》）第 277 条规定，案件有新的立功线索的，法院可以建议检察机关补充侦查。法院在此阶段没有随意将案件退回检察机关去补查的权力，除非有新的立功线索出现。《人民检察院刑事诉讼规则》第 425 条规定，法院建议检察机关补充侦查的，检察机关应当审查有关理由，并作出是否进行补充侦查的决定。

在《人民检察院刑事诉讼规则》中也有关于检察机关补充收集证据的规定：第 345 条规定，检察机关审查后，认为事实不清、证据不足等情形需要补充侦查的，可以退回补查，也可以自行侦查。第 346 条也规定，退回补查的案件，应当在一个月内补查完毕，以二次为限。《人民检察院刑事诉讼规则》也并未单独对检察机关在案件二审中补充收集证据作出相关规定。

2020 年最高人民检察院和公安部联合发布的《关于加强和规范补充侦查工作的指导意见》第 6 条规定，检察机关在审查起诉期间发现案件存在证据不足等需要补充侦查的，应当退回公安机关并引导其进一步补充收集证据。《刑事诉讼法解释》第 274 条规定，案件延期审理期限届满后，检察机关未将补充的证据材料移送的，法院可以根据在案证据作出判决、裁定。第 277 条规定，审判期间，被告人提出新的立功线索的，法院可以建议检察院补查。

在构建二审检察机关补充收集证据制度的过程中，检察机关在案件二审中能否、应否开展补充收集证据的工作面临着各种问题。在二审中，检察机关所进行的补查工作是否为审判机关确认或纠正一审裁判提供更充足的证据，或是否为审判机关重审提供基本依据，而且重新收集到的证据是否被审判机关直接采信用于认定案件事实，这对于案件当事人来说是否阻碍了其上诉权和抗辩权等权利的实现？这些问题都关系到检察机关在案件二审过程中是否应当开展补充收集证据的工作。

在二审中检察机关对证据进行补充收集引发了一定的不满，并质疑该行为是否具有正当性。其实案件在一审的证据不充分、不明确时，自然在二审就要进行补充收集证据的工作。按照两审终审制的基本原则，补充收集到的证据不属于被告人被指控的内容，那案件应当发回，这样才能充分保障当事人的诉讼权利，也体现出一个案件一定是按照一审之后才能进行二审的程序进行的，否则就侵犯了当事人的上诉权，违反了两审终审制。如果二审检察机关补充收集的证据只是对被指控的犯罪事实的进一步证明，很多学者对于这些证据是否应当被采纳持否定态度。首先，有人认为案件进行二审只是对于当事人上诉权的一种保护和救济程序，案件之所以进行二次审理仅仅是为了审查一审是否存在错误并予以纠正，防止被告人受到不正当的处罚，因此应当仅仅审查一审中获得的证据，按照原先既有的证据进行评判，在现有证据不能完全证明被告人有罪时作出存疑是有利于被告人的裁判。"既然二审法院经审理认为原裁判认定事实的证据不足，说明控诉方的举证责任没有达到证明要求的程度，只能依法作出被告人无罪的判决，而不能通过发回重审再收集和补充新证据来达到追诉被告人的目的。"[1] 按照以上说法，审判机关绝对不能根据二审检察机关补充收集到的新证据对案件当事人作出判决，法院在二审中不应当采纳新证据以追究被告人的刑事责任。这样看来好像是既保障了原审当事人的权利，也有一定"禁止双重危险"的意义。既然该观点不认为审判机关在二审中可以审查和采纳新证据，那必然认为检察机关在案件二审中不应当开展补充收集证据的工作。其次，还有学者认为二审检察机关可以补充收集证据，但法院在案件二审中如果最终采纳了新证据，

---

[1] 尹丽华：《刑事上诉制度研究》，西南政法大学 2005 年博士学位论文，第 179 页。

并据此作出了裁判，那么对于当事人来说就变成了一审终审而非两审终审。这种观点认为，如果二审检察机关补充收集证据时发现了新证据，那这一案件就不能继续审理，应当发回进行重新审理。其实按照这种说法，二审检察机关可以补充收集证据，但实际上没有必要，只需要在发现有补充收集到新证据的可能性时向二审法院说明并建议其发回重新审判，由案件的原侦查机关对可能存在的新证据进行补查。司法实践中，还有观点认为一旦证据不足就发回重新审判会给予一审一定的压力，增强其对案件的重视度，这样慢慢的一审对案件的处理会得到质的提升，并将矛盾直接化解在一审。最后，法院在二审中对证据也有权进行审查，在庭审中，如果审判机关认为案件证据存在问题可以当场宣布休庭，对不明确的地方进行审查或补充收集。尤其是对于证据不完整的一些案件，审判机关可以通过查封、扣押和查询等对证据进行核查。因此，审判机关在二审中可以补充审查案件中一些需要花费补充侦查时间比较多的证据，那二审检察机关就可以补充收集其他证据，以提高补充收集证据工作的效率。

二审检察机关补充收集证据作为证据不充分的一种补充手段，自然在实践中具有一定价值。与上述对此的质疑不同，审判机关在案件二审中对收集到的新证据进行审查是有法可依的。《刑事诉讼法解释》第391条规定了对上诉、抗诉案件应当着重审查的内容之一就是是否提出新的事实、证据。第395条也规定，二审期间又提交新证据的，审判机关应当及时通知对方。第399条规定了调查应当重点围绕对原判决有异议的事实、证据以及提交的新证据等进行。根据以上这些规定，审判机关在案件二审过程中任一阶段都可以针对新证据进行审理。这里所提到的新证据并没有限制为上诉人及其辩护人提出的，当然也有二审检察机关补充收集的证据，在其开庭发表意见中提出。而且对于新证据审理过后出现的不同情况，法律也明确规定了二审法院面临不同审查结果时该作出何种裁判。《刑事诉讼法》第236条规定了法院对上诉、抗诉案件审理后：原判决事实不清楚或者证据不足的，可以在查清事实后改判；也可以裁定撤销原判，发回原审人民法院重新审判。该规定包括了原一审判决事实不清和原一审判决所依据的证据不足两种情形。如果是第二种情形，即使该判决的结果是正确的，但案件的事实因为证据不足仍然没有调查清楚，不能据此对被告人进行裁判。根据第236条的规定，法院在二审中可以将案件事实调查清楚并作出改判，也可以裁定撤销原一审裁判，并发回进行重审。其实，在司法实践中，审判机关在二审中经过审理发现最后的判决与原一审判决相同时，通常都是驳回上诉，维持原判决、裁定。这样的做法也是有相应的法律依据的，《刑事诉讼法》第236条规定了二审法院经过审理后，原判决认定事实和适用法律正确、量刑适当的，应当裁定驳回上诉或者抗诉，维持原判。采用以上方式结案就是将该规定中的"原判决认定事实正确"认为原一审判决所得出的结论是没有问题的，而不是说明原一审判决在得出结论的过程中没有错误，如果原一审判决所依据的证据不足或者举证质证中有问题，但审判机关在二审中任一阶段都没有错误，其最终得出的判决与原一审判决相同，那也可以认为原一审判决是正确的，既然原一审判决正确，那当然可以作出驳回起诉，维持原判决、裁定的裁判。原一审判决中证据不充分，在二审中检察机关补充收集后发现新的证据，即使为了保障当事人的上诉权而不直接根据新证据作出改判，但至少应当发回重审，对二审检察机关补充收集到的新证据在法庭上进行举证、质证，充分保障被告人的上诉权以及二审终审制。但是有关法律赋予了二审法院这样的权力，使其可以在补充收集证据且查清事实之后直接进行改判，而且在实践中二审法院也经常适用维持原判的规定，这也说明法律在任一阶段都有着提高案件处理效率和保护当事人权利实现等多方面的考虑。

首先，二审法院允许二审检察机关补充收集新证据，不可能只是证据不够充分就全面推翻一审判决，如果禁止其补充收集新证据，直接改判被告人无罪，这就缺乏了对于社会安全秩序的考虑。"在我国现实语境下法治的本质在于秩序的安定性。"[1]从我国目前的发展来看，保持社会的稳定依然是一项重要的考量，检察机关在案件二审中开展补充收集证据的工作也是符合这一考量的。从这个方面看，检察机关在二审补充收集并提交新的证据是合

---

[1]　程荣斌、侯东亮：《试论刑事诉讼价值平衡》，载《河南省政法管理干部学院学报》2010年第1期。

乎法理的。

其次，跟限制发回重审的次数一样，二审法院经过审查并采纳新证据后裁定驳回起诉，维持原判决、裁定，体现出了提高司法效率的价值取向。《刑事诉讼法解释》第405条规定了因原判事实不清、证据不足发回重审的案件，原审法院重新作出判决后，又上诉或者抗诉的，二审法院应当依法裁判，不得再发回重审。我国目前立法限制发回重审的次数以一次为限，这也得到了普遍赞同。因为这主要是对当事人权益的保护，以免当事人长时间处于诉讼当中。如果不管是出现了哪一方面的新证据都发回重审，表面上看好像是保证了当事人上诉权的实现，但实际上可能会使得当事人疲于诉讼奔波，并加大各法院的工作量。审判机关在二审中根据补充收集到的新证据，审查清楚犯罪事实后依法作出改判，这是最终裁判，是牺牲了上诉人部分上诉权换来的诉讼效率，从宏观上看也节约了上诉人的时间、金钱等，且事实清楚、证据充分，最终也是保护了当事人的权利。

最后，被发回案件法院都对原判错误进行了认真反思，深刻吸取教训，较好地避免了类似问题再次发生，对提高一审法院案件审理质量起到了很好的指导作用。[1] 不过并非只要证据不足都必须退回原一审法院重新审理，也要考虑当事人的讼累和节约司法资源，增强一审法院的工作质量固然重要，但司法效率也应当顾及，需要考虑两者之间的平衡问题，而不必把所有的工作都积压给一审，从权衡工作质量和效率来讲，检察机关在案件二审中开展补充收集证据的工作是有必要的。

通过以上对二审检察机关补充收集制度理论质疑的了解，我们认识到主要问题集中在当事人的权利是否受到了侵害，尤其是"禁止双重危险"、避免诉讼时间过长以及上诉权救济等问题，还有增强一审审理质量的考量。不过在这些价值冲突中，避免当事人长时间处于诉讼中和提高案件解决效率的方向是相同的，因此，法律也明确规定了案件能够发回重审的次数。其他价值冲突的解决，既关系到审判机关在二审中能否采用补充收集到的新证据

---

[1] 沈霞：《对我国刑事二审发回重审制度执行困境与架构重塑之思考——以某市中级人民法院刑事二审案件为例》，载《法律适用》2013年第10期。

驳回起诉、维持原一审判决，又关系到检察机关在案件二审中能否进行补充收集证据的工作。但是，解决这些价值冲突的前提是"禁止双重危险"和上诉权保障等这些价值是案件中真实存在的，否则就缺乏了平衡的基础。

首先，"禁止双重危险"是一项刑事诉讼原则，意指被告人就特定案件遭受一次论罪科刑的危险之后，不能使之就同一案件蒙受定罪科刑的第二次危险。[1] 在大陆法系中"一事不再理"原则与其有异曲同工之处，虽然二者有一些差别，但在限制国家利用权力对个人定罪处罚方面具有一致性，即国家不得运用其所拥有的资源和权力，对一个公民或者一项犯罪行为实施反复多次的刑事追诉，从而达到对当事人定罪处罚的结果。当一个案件进入二审程序时，其实可以看作一审判决还不是最终判决，处于并未生效的状态，审判机关在二审中针对原证据不足的案情做进一步的审理，这其实还是处在一审对案件事实审查的范围内，"一事"还没有出现"再理"，两审终审制表明二审几乎算是一审的延续，本质上属于同一范围，都是为了查清事实、定罪量刑，因此，其并不违反"禁止双重危险"原则。但是，实际上二审已经是审判机关对当事人的再次审理了，对于被告人来说，已经是接受第二次审判了，可以说已经有了"双重危险"的表面意思了。而且，二审法院也可能会成为积极指控犯罪的一方而违背其中立的初衷。刑事诉讼的特有属性就是控辩审三方在刑事诉讼中的法律地位与相互关系。[2] 从刑事诉讼构造来说，法庭上控辩审三方差不多是等腰三角形的构造，其中审方应处于中立地位，控辩双方应处于平等地位、积极对抗。在同样作为案件审理程序的二审中也应当具有这样的三方结构，所以审判机关即使在二审程序中也应当保持消极中立的裁判，而不应该积极追求定罪而寻求新的证据，否则，会导致控辩双方的不平等对抗。因此，绝不能取消二审检察机关补充收集证据的工作，而仅由审判机关在法庭上调查核实，审判机关积极主动，对被告人显失公平。

---

[1] 孔军：《禁止双重危险原则及其在我国的确立》，中国社会科学院 2012 年博士学位论文，第 20 页。

[2] 董健君：《关于刑事诉讼构造的再研究》，载《湖南公安高等专科学校学报》2010 年第 2 期。

其次，上诉权是当事人的诉讼权利之一，案件经过一审程序已经作出裁判，在其尚未生效前，当事人具有向原审法院的上一级法院上诉，即请求重新审理该案件的权利。诉权贯穿于整个诉讼的全过程，在诉讼的任何阶段，当事人都可以围绕着诉权进行相应的诉讼行为。[1] 上诉人提起上诉的主要目的是通过上诉推翻一审中证据不足认定的事实，但二审检察机关补充收集新的证据会弥补一审的证据不足，使得上诉人愿望落空，长此以往会打击上诉人的意愿，使二审程序形同虚设，妨害上诉人对其上诉权的行使。上诉人可能以一审据以定案的证据不足为由向上一级法院提出上诉。如果审判机关在案件二审程序中审查了补充收集到的新证据，然后据此对案件作出裁定维持原判或者是直接改判，这样当事人就对审判机关在二审中认定的事实丧失了一次向上级法院上诉的机会，这在一定程度上阻碍了当事人上诉权的实现。如果想要完全实现当事人这样对案件的上诉权，那案件在二审程序中一旦出现新证据就应该发回原一审法院重审。

审判机关在二审程序中根据补充收集到的新证据定案有对当事人造成"双重危险"、妨碍上诉人行使上诉权的嫌疑，不过单纯考虑当事人的这种上诉权，完全不考虑其他社会价值是不合理的。在不给被告人重要诉讼权利造成重大损害的情况下，考虑社会安全秩序和司法效率价值，是社会转型时期、司法资源有限时代背景下司法实践的自然选择倾向，符合利益衡量这一法律适用上的永恒法则。[2] 综合各方面考虑，"禁止双重危险"原则并不是处在绝对的位置上。而且案件在二审中其实是控辩双方的再次对抗，是双方对案件争议点的再次辩驳，二审法院在裁判时遵循上诉不加刑原则的前提下，检察机关被允许补充收集证据也无可厚非。据此，审判机关在二审中对新证据进行审理和采纳是有一定理论支撑的。不过，审判机关在二审中直接依据新的证据作出维持原判的判决确实影响了当事人对此所拥有的上诉权，但是否有上诉进行救济的必要，需要在具体司法实践中具体问题具体分析，如果

[1] 汪建成、祁建建：《论诉权理论在刑事诉讼中的导入》，载《中国法学》2022年第6期。

[2] 徐威：《二审检察机关补充收集证据制度的反思与改进》，载《广西政法管理干部学院学报》2019年第5期。

对于补充收集并采纳新证据各方都没有实质争议，其实根本不需要以保障其上诉权的实现为由将案件发回重审，这也表明上诉权的保障有其例外，并非绝对。如果案件经过原审法院重审以后再次进入上诉程序，一旦二审法院再次发现事实不清、证据不足，被告人就会再次面临新一轮的重复追诉和重新审判。[1] 因此，审判机关在二审中具有审理采纳补充收集到的新证据的理论支撑，检察机关在二审中进行补充收集证据的工作也具有一定的合理性。

二、二审检察机关补充收集证据制度的实践困境

对检察机关在案件二审中开展补充收集证据工作的方式、程序、时限以及后果等，现行法律以及司法解释规定得并不完善，无法为具体的案件操作提供足够明确的指引，在具体的司法实践中面临着各种困境。

（一）二审检察机关补充收集证据的方式和期限不完善

第一，二审检察机关补充收集证据的方式不完善。如前所述，案件的二审基本按照一审的有关程序规定来推进，当然，检察机关在案件二审中对证据进行补充收集也是一样，基本按照一审的设置进行。根据《刑事诉讼法》的有关规定，在案件审查起诉和审理过程中，检察机关补充收集证据主要有自行补充侦查、退回公安机关补查、要求侦查机关提供协助补充收集证据等基本方式。在检察机关补充收集证据的规定中，一部分使用"侦查"一词，其他的则使用"收集"一词，虽然有时两个词一起使用，但两者还是有一定区别的。侦查是法定主体发现和证明犯罪事件、收集犯罪证据、对有关人身和物品采取强制性措施，为刑事起诉做准备的各种活动的总称。[2] 侦查活动的目的之一就是收集证据、查明案件事实，是收集案件证据的方式之一。补充侦查则是指因为案件的证据不够充分，从而以原先一审侦查工作为基础，对

---

[1] 王超：《刑事二审发回重审制度的功能异化：从救济到惩罚》，载《政治与法律》2011 年第 11 期。

[2] 杨立云、徐惠：《论侦查的目的、价值与功能及其关系》，载《湖北警官学院学报》2008 年第 5 期。

不够充分的证据再次开展侦查工作，与侦查相同，也是按照法律规定所采取的专门调查手段和强制性措施。而"收集证据"是指为了证明案件的有关事实，按照法律规定的程序，收集案件证据的活动。可以说收集证据就是在侦查，但侦查并不包含所有的收集证据行为。侦查措施既有强制性措施也有任意性措施，而根据《人民检察院刑事诉讼规则》的规定，检察机关自行补充收集证据，适用强制措施、侦查、审查逮捕章节的规定。但检察机关退回补充侦查的侦查机关能否也适用这些章节的相关规定？《刑事诉讼法》以及《人民检察院刑事诉讼规则》均未对此予以明确规定。

按照法律对案件一审过程的规定，检察机关在案件二审中同样可以建议延期审理并自行补充侦查，也可以要求公安机关提供必需的证据材料。但是根据《刑事诉讼法》第 235 条的规定，检察机关应当在决定开庭审理后一个月内阅卷完毕。《人民检察院刑事诉讼规则》对检察机关在案件二审中阅卷期间补充收集证据作了相关规定。根据第 449 条的规定，检察机关在阅卷期间，对于有问题的证据可以进行补充收集，还可以退回原侦查机关。第 450 条也规定检察机关办理死刑二审案件必要时可以补充收集证据。由此可以看出，检察机关在二审阅卷期间既可以自行补充收集证据，又可以退回案件原侦查机关。不过，根据前文所述，补充收集和补充侦查并不完全是一回事，检察机关在二审规定的阅卷期间所进行的补充收集证据工作是否就是传统意义上的补充侦查，还有检察机关通过何种方式将案件退回到原侦查机关去进行补充侦查工作也并不清楚。

第二，二审检察机关补充收集证据的期限不完善。《刑事诉讼法》明确规定检察机关阅卷工作应当在一个月内完成，不过也有延期的例外情形。《人民检察院刑诉规则》第 447 条规定在一个月以内无法完成的，可以商请法院进行延期审理。是否不论什么原因一个月未阅卷完毕都可以商请法院延期审理？会不会存在相同案件情况的阅卷期大相径庭？这一规定在实践中问题颇多。二审中，检察机关无法在规定时间内完成案卷的查阅工作主要就是由于补充收集证据这一工作环节。通常情况下，检察机关只有在深入了解一审的各项情况之后才会开展补充收集证据的工作，这个期间往往会消耗不少时间，尤其是复杂疑难案件，所耗费的时间会变得更长。即不但要花费较长时间阅卷，还要主动核实证据，讯问被告人，这要占据大量时间，在一个月内完成阅卷工作的规定，给检察机关带来挑战。[1] 二审检察机关阅卷主要是为了了解案件情况，然后准备出庭意见。如果不要求在阅卷后形成确定的出庭意见，而是在出庭前形成出庭意见即可，就会出现一个时间差问题。这实际上就取决于二审法院的工作安排，没有准确的时间限制，无法具体规范二审检察机关的工作，使其具有不确定性，因此在实践中不宜这样安排。检察机关在案件二审过程中一般只能自行补充收集证据或者要求案件原侦查机关进行，而且要在规定的一个月的时间内完成该项工作并形成明确的出庭意见，这与案件一审有着明显的不同。但一个月的时间无法充分满足实践中的要求。当然，从一审程序来说，检察机关当然也可以在案件二审中商请案件延期审理来获得更多的时间。但是在案件一审中提出延期建议的时间是在阅卷完成后，这当然也就不属于规定当中是因为无法在规定的阅卷期限内完成查阅工作而申请延期了，此时阅卷时间还未结束，不应按照该规定来增加阅卷的时间，因此，检察机关在案件二审中开展补充收集工作的时间规定并非没有任何问题。

（二）二审检察机关补充收集证据的范围没有明确限制

现行法律未对检察机关在案件二审中补充收集证据的范围作出明确限制，一般来说，都是根据原来一审中的证据体系和二审的目的来进行补充收集。二审检察机关补充收集证据应当是人民检察院根据法定程序，以原先的证据侦查为基础，对案件继续进行调查的一种补充收集证据的行为。补充收集证据作为对原收集证据工作的补救，其原则是缺什么补什么。2019 年的王某诈骗案，[2] 检察机关通过补充侦查，厘清了各证据之间存在的问题，减少了一开始认定的犯罪数额，最终审判机关根据检察机关的指控，改变了原先

---

[1]　牛英慧、李洪杰：《二审阶段检察机关阅卷期限不宜一刀切》，载《检察日报》2014 年 4 月 6 日第 003 版。

[2]　（2019）京（03）刑初 18 号。

的案件定性，以诈骗罪对王某进行了定罪处罚。在二审程序中，检察机关对一审中提出的证据进行逐一审查，是否有存疑或遗漏，体现出收集证据工作的完整性。但对于在二审中出现的新问题、新情况或者一审未查清的事实等，如果二审检察机关将与案件有关的证据事实全部进行补充收集，明显会浪费大量的司法资源。

二审检察机关补充收集证据主要是补充收集一审程序认定以外的证据，二审检察机关通常只补充收集"新证据"，但与一审中不一样的或者一审没有认定的证据等，也会对案件的审理结果有较大影响。因此，二审检察机关补充收集证据不能仅仅局限于"新证据"这一范围。我国刑事诉讼程序实行两审终审制，任何有利于查清案件事实的证据都可以在二审中提交，二审检察机关补充收集证据几乎没有任何范围上的限制，这也体现了全面审查原则。但二审检察机关补充收集证据没有明确的范围，一方面，会导致补充收集证据机关的盲目性，从而影响二审案件的审理效率；另一方面，补充收集证据没有范围限制也会降低上级机关的重视程度，这样相应地，下级机关就要承担更大的补充收集工作的压力。

（三）二审检察机关补充收集证据的职责和后果不清晰

第一，二审检察机关补充收集证据的职责不清晰。对于二审检察机关补充收集证据的启动，根据《人民检察院刑事诉讼规则》第449条的规定，检察机关在阅卷期间可以补充收集证据。因此，案件二审中补充收集证据是由检察机关认为有必要时决定启动的。其中"有必要"的标准相对主观，假如案件实际上是有必要进行补充收集证据的，但是因为检察机关没有意识到这种必要性从而使得二审裁判出现问题，那检察机关是否因此而对错判承担责任？而且根据该规则，需要原侦查案件的公安机关补充收集证据的，可以要求其进行。此时原侦查案件的公安机关是否应当对此独立承担责任？检察机关如果在二审中需要退回原侦查机关进行补查则应当采取哪种方式，以及当原侦查机关对于检察机关要求补充收集工作怠于开展时检察机关如何应对等问题，现有法律均未予以详细规定。

第二，二审检察机关补充收集证据的程序后果不够明确。案件一审判决时证据不足的，在案件进入二审检察机关进行补充收集证据后，法院面临直接改判或者是发回原审人民法院重新进行审判。"直接改判"意味着一审判决是一个可以"直接修好的不良品"，而"发回重审"意味着一审判决是一个需要"返工的次品"。[1]《刑事诉讼法》仅规定检察机关提出抗诉或二审法院开庭审理的公诉案件，同级检察机关都应当派员出庭，对检察人员在法庭应发表的意见并未作出直接规定，《人民检察院刑事诉讼规则》规定检察官围绕原判决认定事实和适用法律以及抗诉或者上诉理由来提出意见和进行辩论。对于建议审判机关直接改判还是发回重新审理的方式提出意见，法律并没有直接规定。检察机关能够在案件二审中对证据进行补充收集之后当然会对案件事实有进一步的掌握，然后根据收集到的证据作出更为明确具体的出庭意见，但是一旦意见太过具体详细有可能会影响案件当事人的上诉权等权利的实现，这也同样关系到检察机关在案件二审中是否应当补充收集证据的问题。不能因为公诉人正视错误、纠正错误，就不认为是公诉人了，更不能因此否认二审检察机关的公诉职能。[2]虽然检察机关开展补充收集证据的工作，但很有可能无法补充收集到证据，那这种情况下二审检察机关应该怎样准备其出庭意见呢？这其实都跟法律法规对案件二审中检察机关开展补充收集证据的规定息息相关，都需要相应的法律法规作出更为明确的规定。

（四）二审没有专门的补充收集证据的补查程序和救济程序

第一，二审检察机关补充收集证据没有专门的证据补查程序。二审程序中的补充收集证据，《刑事诉讼法》只有参照一审程序的原则性规定，并没有专门适用二审的补充收集证据程序。二审检察机关补充收集证据过程中面临着各种问题，比如，实际进行补充收集的机关不统一，一些证据的补充收集直接由下级检察机关进行，但大多数案件的证据补查由原侦查机关进行；

---

[1] 伍金平：《新刑诉法二审发回重审制度修改的立法解读与思考——基于 D 市两级法院上诉案件二审程序运行的实证研究》，载《中国刑事法杂志》2012 年第 8 期。

[2] 郜超：《刑事二审程序中两级检察机关职权关系反思与重构》，载《人民检察》2009 年第 19 期。

检察机关在提出补充收集材料时的形式也不统一，其中一些采用了书面形式，但还有很多时候直接采取了口头通知的形式；补充收集证据期间也没有统一规定，有的可以在一个月以内补查完毕，甚至是几天之内，但还有一部分要花费一个月以上才能补查完成，时间差异比较大。

第二，二审侦查机关怠于补充收集证据时无相关救济程序。在二审检察机关补充收集证据的过程中，法律并无明文规定其他侦查机关的协助义务，在阿约此呷故意伤害一案[1]中证据存在很多问题，比如未对案件中的血液进行鉴定、用作犯罪工具的匕首也未让阿约此呷辨认等。在案件二审时检察机关发现了这些问题并提出补充收集证据，但该案件的原侦查机关认为一审判决事实清楚、证据确实充分才判决被告人死刑，认为无须再进行补充收集证据，因此并不十分配合检察机关的补查要求，二审检察机关与原侦查机关因此产生争执，在历经半年左右检察机关才拿到补充收集的证据材料，但是大部分只是对于案件的基本情况介绍，对案件的证明作用不大，但二审检察机关对此并没有有效的救济途径。

三、二审检察机关补充收集证据制度的完善建议

（一）明确二审检察机关补充收集证据的方式和期限

首先，根据相关法律规定，退回补充侦查这一方式在案件二审的阅卷期间检察机关是无法适用的。检察机关在二审中补充收集证据只能通过自己或者是要求案件的原侦查机关进行，当然，自行补充收集证据时可以要求案件原侦查机关对收集工作进行协助。但是，就像前文所提到的，在对于补充收集证据的有关规定中，收集和侦查这两个术语在此处的使用并不明确，应该在法律法规中对于进行补充收集工作时能否采用相应的强制措施作出清晰的规定。可以将补充收集证据纳入补充侦查中，同时通过司法解释对二审检察机关补充收集证据可以采取强制措施或强制侦查措施等作出明确的规定。

---

[1] （2014）川刑终字第 342 号。

其次，《刑事诉讼法》第 235 条仅对二审检察机关阅卷期限作出了规定，未涉及其他相关内容，过于笼统模糊。与案件在一审中的审查起诉程序相较而言，案件在二审的阅卷期间所要解决的问题更加集中，没有那么繁杂零散，补充收集证据的工作开展起来并非十分困难，有的案件甚至根本无法进行补充收集证据的工作。现行《刑事诉讼法》将阅卷期限与审查起诉的期限基本保持一致，规定为一个月，这当然具有一定的合理性。不过，在具体操作中，审查起诉程序中可以申请延期审理以继续调查取证。但检察机关在司法实践中花费一个月就完成案件补充收集证据的工作其实并不容易，而且要形成不能模糊处理的阅卷意见。对于此实践中的困境，可以在我国《刑事诉讼法》中作出将一个月的期限再延长半个月的规定，以防止时间过于紧促从而导致工作只追求量而不顾及质。

最后，二审检察机关开展补充收集证据的工作，除了可以自行开展，还可以要求案件的原侦查机关进行。但是，原侦查机关补充收集证据的期限不应与检察机关自行开展的期限相同。因为二者工作开展的难度不同，相较于检察机关自行开展而言，需要由案件原侦查机关进行补充收集证据时的工作往往更难开展，此时再明确要求一个月的期限难免有些强人所难。可以对比《刑事诉讼法》中关于审查起诉的规定，对原侦查机关补充收集证据的期限等问题进行单独规定。同时考虑到二审检察机关还要提出阅卷意见，可以考虑案件交由原侦查机关补充收集证据时，将其开展工作的期间排除在案件二审中检察机关一个月的阅卷期间。

（二）明确二审检察机关补充收集证据的范围

检察机关在案件二审中补充收集证据不能也不应当审查案件的所有证据，应当坚持该项工作开展的必要性、有限性、客观性的原则，因此对二审检察机关补充收集证据的范围应限定在以下几个方面：

第一，二审程序中出现的新情况和新问题。如果在二审中出现会影响被告人量刑的新情况和新问题，一般都需要二审检察机关对该类新的情况进行补充收集证据，比如被告人有立功行为或者进行了赔偿等。但是，如果在二审中出现的是属于本应该通过一审查证属实的事实和证据，比如，是否成立自首或者证据本身存在瑕疵等问题，或者是需要侦查机关进行补充证据的，比如犯罪嫌疑人抓获过程不清等问题，就不应在二审中进行重新调查核实，二审检察机关不应该在这类问题上耗费太多精力。如果很多诸如以上这些情况，应该将案件发回重审，而不是耗费很多时间来补充收集这方面的证据。

第二，补充收集影响定罪量刑的证据。二审补充收集的很多都是一审证据存在瑕疵或者证明力不够的证据，尤其是当证据很多时能否形成一条完整的证据链，这其实就涉及何谓法律规定的确实充分的问题。只要新的证据能够推翻原证据的证明，便应当具备启动再审的效力。[1] 如果仅仅是被告人户籍证明、翻译人员未签名等问题，可以事后再补充完善；但是如果问题涉及被告人犯罪事实不清、证据不足，应当将案件直接发回，以提高案件审理的效率。

第三，不补充收集需花费大量时间的证据。随着时间的推移，物证、书证等可能已经发生了变化，案件现场可能早已面目全非……这些都给案件事实的认定增加了难度。[2] 《刑事诉讼法》规定了检察机关有一个月的阅卷时间。需要补充收集时间太长的证据不应在此时进行，否则，既延误了案件的审查时间，也不符合《刑事诉讼法》的有关规定。既然法律已经明确规定了检察机关在案件二审中补充收集证据的时间限制，那检察机关就要遵守规定，积极推进工作开展，或者将需要长时间补充侦查的证据交给二审法院进行。

（三）明确二审检察机关补充收集证据的后果和责任

刑事二审程序同时承载着救济被告人权利和纠正一审裁判两种功能。[3] 考虑到社会的平衡稳定，在案件二审中检察机关绝对不能随意地让审判机关

---

[1] 潘溪：《重新鉴定作为民事再审新证据的适用研究》，载《证据科学》2021 年第 2 期。

[2] 张毅：《刑事二审案件审查范围的类型化构建》，载《广西政法管理干部学院学报》2011 年第 6 期。

[3] 陈思佳、王志国：《刑事诉讼整体观视野下认罪认罚案件二审程序的应然逻辑与制度优化——以控辩审关系和刑事审级制度为双视角》，载《全国法院第 33 届学术讨论会获奖论文集（上）》2022 年版，第 563 页。

依照证据不足直接改判被告人无罪，因此，在案件二审中发现一审的证据并不充分时，检察机关其实可以自行开展补充收集证据的工作，并据此建议审判机关根据补充收集到的新证据作出对被告人有罪的终审裁判。检察机关其实也可以将案件发回重审，将补充收集证据的工作交给案件的原一审侦查机关进行。检察机关在此情况下主要取决于案件需要补充收集何种证据来决定具体采取哪种行动路径。如果案件在二审中需要补充收集的证据数量不多，当事人对此的争议也不大，那检察机关其实可以采取自行补充收集证据的方式；如果案件在二审中需要补充收集的证据数量较多，当事人对此也颇有争议，检察机关按照规定其实应当将案件发回重审，但是，检察机关不仅承担着案件监督的职责，还承担着控告罪犯的职责，检察机关在案件二审中仍有在阅卷期间开展补充收集证据工作的必要性。

检察机关在案件二审中开展补充收集证据的工作之后，依据发现案件的证据不足，并且也没有继续进行工作的现实可能性，可以据此补充收集的结果来建议审判机关对被告人作出无罪的终审裁判。这样既能表现出检察机关作为国家机关之一履行自己应有的义务，也可以有效防止检察机关利用权力过分追求对被告人定罪处罚。这些内容在立法上规定模糊，需要进一步明确。除此之外，当前法律对检察机关和案件原侦查机关在案件补充收集证据时的相互职责的关系上规定得也不明确。从法律对两者的职能定位，以及实践中两者的工作内容来看，一般来说，案件需要补充收集证据越困难，就越需要由更了解案件的原侦查机关来进行，毕竟相较于检察机关，原侦查机关在此项工作上更为专业，检察机关可在补充收集证据难度不大或者原侦查机关不便进行补充侦查等情况下自行补充收集证据。不过，现行法律制度并没有具体明晰的两者分工的规定，这样就使得检察机关对原侦查机关怠于开展工作等问题缺乏有效的监督制约。因此，立法上应对此方面进行完善规定，比如检察机关在案件二审中要求原侦查机关在补充收集证据时应该提供需要补充收集的证据，并解释为何对这些证据进行补充收集，检察机关对于应当提出却没有提出的需要补充收集的证据承担相应的责任。相应地，案件的原侦查机关也应当积极认真地开展补充收集证据的工作，如果因为原侦查机关自身的行为而没有补充收集到证据，并因此使得被告人被改判无罪的，原侦查机关应当承担相应的责任。

（四）完善二审检察机关补充收集证据的程序和救济途径

首先，二审检察机关没有专门的补充收集证据的程序规定，大多依照一审程序进行，不过，《刑事诉讼法》规定了二审检察机关明确的阅卷期限，面对有限的补充收集证据的时间规定，二审检察机关应进行有效的机制应对。

强化内卷报送及备案审查机制。检察机关之间应该注意加强上下级联系，检察机关在了解到被告人有上诉请求时可以及时向二审的有关部门移送与案件有关的资料，以便有关部门及时了解相关内容；如果上下级院能在拟定抗诉阶段强化沟通，则能最大化抗诉合力，实现"事半功倍"的效果。[1] 除此以外，还可以加强对有关死刑或者舆论影响较大案件的审查，让二审检察机关能在第一时间了解相关案情，以此为基础进行侦查，这样还能节省办案时间，提高效率。

运行案件审查补查同步进行。现在补充收集证据的时间跟案件审查的时间几乎保持一致，检察机关无法跟原先一样，先等补充收集证据工作完成，再作报告，这样不仅时间上来不及，在司法实践中也行不通，有碍于对案件进行审查，可能会使得案件草草结束。检察机关只能根据现有的证据体系进行科学预判，这明显提高了对检察机关办案人员的要求，但这也是随着法律发展所一定要拥有的处理案件的能力。根据案件情况可以对补充收集证据工作进行补充报告，提交处务会讨论研究，不能因为补充收集证据影响案件审查办理的时间。

确立对办案人员的客观评价机制。在二审检察机关补充收集证据有明确时间限制的要求下，检察机关的办案人员应提交案件审查报告但补充收集证据工作还未完成时，其事先提出的审查意见就需要由客观的评价机制来加以

---

[1] 彭天广、钟政、郑烁：《重罪案件刑事抗诉工作面临的困境与对策》，载《中国检察官》2022年第6期。

评价。补充收集证据的工作有时会出现一些特殊情况而无法继续进行，但不能因此否定二审检察机关办案人员的业务能力，如果案件的审查意见因为补充收集证据的结果而需要进行变更的，不应当将该责任让办案人员来承担，对其能力评价要保持客观，以保证办案人员在提交案件审查意见时无须顾虑重重。

与侦查机关共同建立证据补查机制。《刑事诉讼法》仅给出了补充收集证据的时间限制，但对二审检察机关补充收集证据的主体以及需要补充收集到何种情形等均未作出详细规定。有效的证据在于挖掘，不在于制造。[1] 如果想要顺利完成补充收集证据的工作，二审检察机关可以和侦查机关联合进行补充收集工作。一般来说，为了防止浪费时间，需要补充收集的内容可以直接发给下级侦查机关，如果下级侦查机关不积极作为，可以向同级侦查机关提出意见，由上级侦查机关自行督查其下级机关工作，以便加强下级机关责任心，提高补充收集的工作效率。

其次，二审检察机关补充收集证据中有相当一部分是无法补充收集到的，导致这一情况的原因是多方面的，比如未找到人证，抑或是需要补查的证据因为经过的时间太长而毁损灭失等，有时检察机关甚至无法找到当时案件的侦查人员。对于二审检察机关补充收集证据要有相应的救济措施来保障证据补查的效果。

加强检察机关和侦查机关之间的协调配合。不同刑事司法机关之间的合作机制对处理具体刑事案件也有一定影响。[2] 检察机关可以每隔一定时间与侦查机关进行案件探讨，相互交流案件的情况以及案件证据的补充收集问题。这有利于侦查机关及时发现案件的问题并作出修正，增强双方之间的沟通配合。检察机关可以从证据补查的类型、期间、效果出发，对证据补查进行整体评价，以利于下一步工作的更好开展。[3] 还可以根据现行法律的相关规定

---

[1] 童汉明：《论刑事侦查阶段存在的问题、原因及其完善——基于"以审判为中心"的视角》，载《黑龙江省政法管理干部学院学报》2023年第4期。

[2] 时延安：《刑事一体化与刑事法学的一体化》，载《中国刑事法杂志》2024年第1期。

[3] 李顺江、立克幸义、陈龙：《刑事二审程序中检察机关证据补查的实证研究》，载《中国检察官》2012年第6期。

以及相关理论来指导案件的侦查工作，这其实有利于打破一些传统落后的侦查工作方面的固有想法，比如"重口供、轻证据"等，加强侦查人员对案件补充收集证据工作的重视和理解。

规范二审检察机关补充收集证据的行为。第一，要弄清楚需要补充收集何种证据，把需要补充收集的证据做好提纲并纳入办案文书当中，明确其内容和格式等，具体规定需要补充收集证据的内容、原因及其要达到的效果。第二，规范证据补充收集的发出，其应当和审查报告保持一致，由领导签批后方能发出，审查是否确实需要进行补充收集，将超出补充收集范围的内容去除，以体现二审检察机关补充收集证据的针对性。第三，规定二审检察机关补充收集证据提出的时间，补充收集证据的提纲应当在提讯一周之内发出，因为被告人可能会增加或是变更上诉理由，抑或出现重大立功等需要查证的新情况，一周之内发出也给予了协查机关一定的时间来补充收集证据。

在特定情况下交由二审检察机关补充收集证据。在司法实践活动中证据的补充收集工作基本上是交给原侦查机关进行的，这样做的原因有两个方面：一是案件一开始就是由原侦查机关接触的，其对案件更为了解，补充收集证据效率更高；二是检察机关对于原侦查机关有一定的依赖性，不愿自己去补充收集证据，甚至自己能够进行补充收集的证据材料也交给原侦查机关进行。这种情形需要进行改正，多个渠道进行补充侦查，才能更好地保证补充侦查的效果，在客观情况允许下检察机关对证据进行补充收集，更有利于检察人员了解案情，能够更加客观地对待证据，同时，也能了解侦查机关补充侦查的相关情况，对此进行更好地监督。

在我国，对于二审公诉案件，检察机关根据法律规定并非只有查阅案卷这一职责，其还承担着派员出庭的基本职责。对此，检察机关不仅要进行案件监督，还要指控犯罪，在这样的职责要求下补充收集证据的工作就显得非常重要。在司法实践中，一些公诉案件的一审裁判存在着证据不足等问题，这些案件进入二审后，几乎都是由检察机关补充收集证据的，如前文所述，检察机关补充收集证据具有制度上的明确规定和理论上的坚定支持。但是，检察机关在案件二审中开展补充收集证据的工作仍然面临着各种问题，比如补充收集证据的方式、期限、范围等规定模糊，无法对补充收集证据工作进行有效监督等。这些问题的存在，与我国现有法律对该方面的规定不细致有很大的关系，主要还是人们对该项制度重要理论的认识模糊不清。首先，基于维持各种社会价值的衡平状态，检察机关在案件二审中应当适时地开展补充收集证据的工作。其次，在立法方面，完善检察机关在案件二审中补充收集证据的各方面规定，不断改进其具体的制度内容，使得检察机关在案件二审中补充收集证据可以有法可依，准确可行。

第九章

民事生效裁判结果监督中检察机关
对新证据的司法运用

民事审判监督程序中，检察机关对新证据的审查与运用具有重要的法律意义和实践价值。随着社会发展和法律制度的完善，新证据的发现和运用成为保障司法公正和审判效果的重要环节。检察机关作为司法监督的重要角色，其对新证据的审查与运用不仅是对案件审理过程的监督，更是对法律正义的维护和实践。在这一过程中，检察机关需要准确把握证据的法律性质和证明力度，以确保案件审理的公平公正，保障当事人的合法权益。因此，深入探讨民事审判监督程序中检察机关对新证据的审查与运用，对于提升司法公正、加强法律监督具有积极意义。

一、民事生效裁判结果监督程序新证据规则的演进

1991 年，《民事诉讼法》的修订标志着中国法律领域的重大进展，其中一项突出的改革是将新证据作为启动再审的法定事由。这一举措在法律体系中具有重要的历史地位，为司法实践引入了更多的灵活性和公正性。新证据的定义明确指出，它是在原审结束后新发现的证据，为原判决的审查提供了新的视角和可能性。随后，2002 年的《民事证据规定》进一步系统地界定了新证据的类型，试图在法律层面上对其进行详细分类。然而，这一规定在实际应用中却引发了一系列的争议。一方面，法律可能无法穷尽一切新证据的可能形式，导致在某些案件中产生模糊不清的界定；另一方面，法官和律师

在解读和适用这些规定时可能存在主观性和不一致性，使得新证据的审查过程缺乏足够的统一性。2008 年的《最高人民法院关于适用〈中华人民共和国民事诉讼法〉审判监督程序若干问题的解释》和 2013 年的《人民检察院民事诉讼监督规则（试行）》曾试图对新证据的类型进行更为翔实地规定，为司法实践提供更明确的指导。然而，这些规定后来被删除，引发了对新证据规定的再度思考。这种规范的不断变化反映了法律体系对于新证据问题处理的探索与调整，同时也凸显了在司法实践中如何更好地平衡证据的充分审查和程序的公正性之间的挑战。新证据的范围广泛，包括新发现的、新取得的、新出现的证据，以及那些尚未质证但足以推翻原判决的证据。这一多元的分类试图全面覆盖各种可能性，为当事人在不同情境下提供了合理的举证路径。然而，在具体案件中，如何准确地界定新证据的类型，以及如何判断其足以推翻原判决，依然是一个复杂而具有挑战性的问题。对新证据的认定不仅需要考虑其类型，还需要审查是否存在逾期举证的故意或过失。这一考虑因素进一步强调了当事人在法定时限内提供证据的重要性，以避免滥用程序漏洞和保障司法程序的合法性。在司法实践中，对逾期举证的故意或过失的判断涉及对当事人行为动机的深入了解，法官需要在审理中进行细致入微的分析和裁断，以确保对当事人的公正对待。新证据制度的建立旨在维护证据失权和保障实体公正之间取得平衡。在严格的举证时限下，法律通过分类明确新证据的标准，力求在程序公正和实体公正之间找到合理的平衡点。这一制度的核心理念是，尽管对证据的要求有其严格性，但在一些特殊情况下，对新证据的宽松审查也是合理的，以允许当事人在庭审结束后有机会补充和修正案件事实，从而确保裁判的公正性和准确性。总体而言，新证据制度的建立为我国司法体系注入了更多的灵活性和公正性。然而，这一制度在具体实践中仍然存在着一系列挑战，需要不断的法律完善和实践总结。在未来的法治建设中，我们期待能够进一步优化新证据制度，确保其更好地为司法公正服务，同时保持对程序规则的合理约束，以实现法治的更高水平。

《民事诉讼法解释》的修订面临一个显而易见的难题，即很难涵盖所有可能出现的新证据种类。在逾期提出证据的情况下，可能导致当事人失去权利，并在裁判结果与实体公正之间产生紧张关系。即使新证据足以证明原判决存在错误，但由于逾期或不在规定范围内提出，审判机关也可能不予采纳，最终导致判决与真实情况不符，严重损害当事人的权益。为了缓解程序正义与实体正义之间的矛盾，我们建议对新证据类型的解释进行扩展。这包括在实体审查后"选择性"适用证据失权的原则，以便更好地调和程序正义和实体正义的关系。通过这种方式，审判机关可以更灵活地考虑并采纳那些确实能够对案件真相产生影响的新证据，同时避免对当事人过于苛刻的限制，维护司法体系的公正性。这一改进将有助于确保司法系统在面对不断演变的证据形式时能够更为灵敏和公正地处理案件，最终实现法律与正义的和谐统一。

2012 年《民事诉讼法》的重大修订为法官赋予了更广泛的裁量权，同时引入了逾期证据裁量措施，为司法实践注入了新的变革力量。这一变化的深层次影响在 2015 年得到了延续与发展，《民事诉讼法解释》的颁布宽松了新证据的认定标准，并明确了"重要证据不失权"的原则，从而颠覆了之前的证据失权规定。这一连串的法律变革不仅影响了司法实践，更推动了法律体系的演进，使新证据的认定标准由过去仅仅检查当事人过失的程序性审查，逐渐转变为对证据是否能够实质上推翻原判决的实质审查。在这场法律变革的背后，是司法体系对程序正义和实体正义的兼顾与平衡的追求。2012 年《民事诉讼法》的修订赋予法官更大的裁量权，意味着在诉讼过程中，法官能够更加灵活地运用法律规定，根据具体案件的情况作出更为合理的判决。逾期证据裁量措施的引入，为当事人提供了在一定条件下提交逾期证据的机会，使司法裁判更加公正合理。这一方面体现了程序正义的追求，即在法律适用的过程中，确保每一方当事人都能够享有公平的诉讼机会。而 2015 年《民事诉讼法解释》的颁布则更加注重实体正义的实现。新证据认定标准的宽松，以及"重要证据不失权"规则的确立，使得在司法实践中涌现出更多有利于揭示真相的证据。过去存在的过于严格的证据失权规定，往往可能使一些关键性证据因形式问题而被排除，而这种现象在新的法律背景下得到了有效的遏制。这意味着法官在判断证据是否有效时，更加注重证据的实质性价值，而非过于拘泥于程序性的要求。这种审慎的实质审查，为确保判决结果的真实性与公正性提供了更为坚实的法律基础。这一系列法律变革也引发了对相关法律规定的深入反思和修订。新证据认定标准的调整，使得法律体系更具弹性，更能够适应不同案件的特殊性。而裁量权的赋予对法官的专业素养提出了更高的要求，需要其在运用裁量权的过程中，能够准确判断案情，作出合理判断。这也促使司法机关加强对法官的培训与监督，以确保其在裁判过程中做到公正、公平，既尊重法律规定，又关注实质正义。总体而言，2012 年和 2015 年的法律变革彰显了司法体系在追求程序正义和实体正义的平衡中的不断进化。这一过程既推动了法律体系的现代化，也为更好地维护公民权益和社会公平提供了法律保障。在今后的司法实践中，要不断总结经验、修正不足，建设更加健全、公正的法治体系。

二、民事生效裁判结果监督程序中检察机关参与形成的新证据类型

法律及司法解释方面的更新涉及 2024 年 1 月 1 日生效的《民事诉讼法》等相关法规。在审判监督方面，检察机关的角色被赋予了更多权力，被视为民事诉讼中的"第二公权力"。新增的证据类型包括当事人提供的、审判机关主动调取的，以及检察机关积极参与形成的新证据。检察机关所形成的新证据类型进一步细分为采用调查核实和技术性审查等方式获取的证据。尽管已有明确的改进，但目前法律规定尚未充分涵盖检察机关形成新证据的全部类型，仍需进一步明确和完善。这对于确保司法程序的公正性和透明度至关重要。

（一）检察机关调取的新证据

检察机关调取的新证据，是指检察机关依当事人申请或依职权调取的新证据。这类证据与审判机关依当事人申请或依职权调取的新证据有一定相似性，都是司法机关根据法律、司法解释的规定调查取得的证据。2021 年修订的《人民检察院民事诉讼监督规则》（以下简称新《监督规则》）中规定检察机关调取的新证据有：第 63 条第 1 款第 1 项查询、调取、复制的相关证据；第 63 条第 1 款第 3 项咨询专业人员、相关部门或者行业协会等对专门问题的意见，形成的意见书；第 63 条第 1 款第 4 项委托鉴定、评估、审计，形成的鉴定意见、评估报告或审计报告；第 64 条第 1 款向银行业金融机构查询、调取、复制的相关证据等。对此，又可进一步细化为依当事人申请调取的新证据和

依职权调取的新证据。

1. 依当事人申请调取的新证据

由独立的第三方保存的证据，申请人往往面临难以自行调取的困境。在检察机关审查申请时，核心任务是判断是否存在足够的理由证明原判决存在错误。与此同时，对于当事人申请调取证据，法律并未要求其承担举证责任，为维护公正提供了一定的保障。在再审阶段，若其他当事人能够提供足以证明原判决无误的证据，审判机关应当保持原判结果，不应轻易纠正裁判结果。这一原则的确立有助于确保司法决策的稳定性和一致性，避免因为一时的片面证据而对正当的判决进行干扰。检察机关在办理案件中有权要求持有证据的当事人协助，但这并非无条件的。协助的范围受到一系列条件的制约，以平衡调查权和当事人权益之间的关系。当持有证据的当事人拒绝协助时，检察机关有责任判断其拒绝的正当性，以确保程序的公正和合法性。在这一过程中，检察机关的监督作用显得尤为重要。如果检察机关认为新的证据能够充分证明原判决存在错误，其有权提出监督。这为司法体系引入了一种有效的机制，使得当事人在案件处理中的权益更有保障，同时确保了司法裁决的准确性和公正性。然而，在推动证据调取和审查的过程中，应当特别注意避免滥用权力和越权。合理的程序安排和对权力行使的监督是维护司法公正的重要手段。这包括确保证据的真实性和合法性，以及保障当事人的合法权益，维护司法体系的公信力和稳定性。总体而言，证据调取和审查在司法程序中具有重要地位，关系到案件的公正性和合法性。通过明确程序、强化监督，确保证据的真实性和合法性，能够更好地维护当事人的权益，保障司法决策的准确性和公正性。这为建设更加公正、透明的司法体系提供了有益的借鉴。

2. 依职权调取的新证据

新《监督规则》第64条第1款规定了四种检察机关可以依职权向银行业金融机构调取证据的情形：一是损害国家利益、社会公共利益；二是审判、执行人员可能存在违法行为；三是涉及《民事诉讼法》规定人民检察院提起公益诉讼；四是当事人有伪造证据、恶意串通损害他人合法权益可能。虽然该款规定是存在上述情形时检察机关"可以"调取证据，但因这几种情形均存在可能损害国家利益、社会公共利益或他人合法权益的危害后果，故上述四种情形实质是检察机关"应当"依职权调取证据的情形。在履行职责时，检察机关需全面考虑证据是否牵涉到国家、社会以及他人的合法权益，确保监督过程中能够平衡各方利益。与审判权相似，民事检察权被视为司法权的一种延伸，其核心职责在于捍卫国家和个体的法定权益。新规定下，检察机关在执行职能时应积极依职权调取相关证据，即便这些证据并非由银行机构持有。此举旨在加大对各类案件的调查力度，确保案件处理的全面性和公正性。特别是当事人主张需要获取银行证据时，检察机关有权对其合理性进行审查，并在合规的前提下调取相关证据。这一程序的执行符合司法谦抑性的要求，同时也有助于维护司法权威和保障当事人的合法权利。在调取证据的过程中，民事检察监督起到了关键作用，其目标在于有效地监督司法机关的司法行为，确保其符合法律规定，不侵犯国家和个人的权益。监督的实施有助于建立一个更加公正、透明的司法体系，增强公众对法律体系的信任感。总体而言，民事检察权的行使不仅仅是对个别案件的关切，更是对整个司法体系公正性和效力的有力监督。通过合理而有力的调查和监督，检察机关在新规定下扮演起了更为积极的角色，以确保司法体系的稳健运行，维护国家法制的权威，保障公民的合法权益。

（二）检察机关制作的新证据

检察机关制作的新证据，是指检察机关在民事检察监督程序中，通过调查核实、检察听证等程序制作形成的新证据。这主要包括依据新《监督规则》第 54 条、第 60 条组织听证制作的听证笔录；依据第 63 条第 1 款第 3 项询问当事人或案外第三人制作的询问笔录；依据第 63 条第 1 款第 5 项勘验物证、现场制作的勘验笔录；依据第 64 条第 2 款指派具备相应资格的检察技术人员对案件中的技术性证据进行专门审查，形成的审查意见等。与其他类型的新证据相比，该类证据最明显的特征是证据制作主体为检察机关。

1. 民事检察听证笔录、询问笔录

文书作为新证据在司法领域具有关键作用，尤其是听证笔录和询问笔录记录当事人陈述的情况，可能成为推翻原判决的法律依据。以虚假诉讼为例，在听证笔录中当事人否认民间借贷关系的记录，可有效用于打破原判决。然而，询问笔录是否足以成为独立证据存在争议，必须在结合其他证据的基础上评估原判决的准确性，并遵循禁反言原则。这需要通过强化规范性，更好地实现其法定化内涵。在使用上，必须持审慎态度，不可过分依赖单一证据，而应结合其他证据全面评估原判决。面对程序规定不明确和证据性质缺乏规定等挑战，建议加强规范性，并在法律和司法解释上进一步明确相关规定。这有助于解决潜在的争议，提高法律体系的透明度和可操作性，推动司法实践不断进步。此外，应当深入挖掘文书作为新证据的潜在价值。通过更全面、深入的法律研究，可以挖掘听证笔录和询问笔录背后的法律逻辑和证据链条，以更好地支持其作为证据的有效性。这可能涉及对法庭程序、法定规定以及相关先例的深入研究，以确保文书作为新证据的使用更为有力和合理。值得关注的是，听证笔录和询问笔录在司法实践中并非孤立存在，它们通常与其他证据形成复杂的法律脉络。因此，在使用这些文书作为新证据时，必须将其放置于案件的整体背景中审视，确保对整个案情有全面、深入的了解。这包括对相关证人证言、物证、专家意见等其他证据的审慎考量，以充分把握案件的全貌。在面对文书作为新证据的挑战时，我们还需要关注在法律实践中出现的一些特殊情况。例如，在某些案件中，可能会涉及文书的真实性和完整性问题。在这种情况下，需要采取适当的法律程序和技术手段，以确保文书的可信度和完整性，从而维护司法公正和案件的正当性。总体而言，文书作为新证据的使用需要在法律体系中得到更为清晰和完善的规定。通过加强规范性以及在法律解释上的明确，可以有效应对相关争议和挑战。同时，深入研究文书的法律逻辑和与其他证据的关联，有助于更全面、深入地理解文书在案件中的作用。在法律实践中保持审慎态度，充分考虑案件的整体背景，是确保文书作为新证据有效使用的关键。

2. 民事检察勘验笔录

勘验在法律领域扮演着至关重要的角色，其法律影响深远而广泛。在法定证据的体系中，勘验活动通过生成勘验笔录，成为不可或缺的一环。然而，近年来发生的法律变革引起了勘验领域的重大转变，主要表现在检察机关权力的扩大。这一趋势对勘验的实践和效果产生了深远的影响，值得我们深入探讨。首先，检察机关在勘验中的地位得到了显著提升。随着新规定的实施，检察机关成了勘验的主体，具备更广泛的权力范围。在勘验笔录的制作过程中，检察机关能够更全面地调查和记录相关信息，这使得勘验成为更为有力的法定证据。这种变化对司法体系的运作产生了积极的影响，提高了证据的权威性和法律效力。然而，这一权力扩大也引发了一系列问题。尽管检察机关的介入有助于提高勘验笔录的全面性和权威性，但也引发了滥用权力的担忧。因此，对检察机关在勘验过程中的监督和制约显得尤为紧迫。其次，在权力的扩大背后，监管的不足可能导致侵犯个人权益和司法不公。因此，未来的法律发展需要建立更为完善的监督机制，以确保检察机关在勘验中依法行使权力。勘验在不同案件中的应用，存在显著的差异。在民事监督案件中，勘验相对较为稀少，其主要集中在刑事案件和公益诉讼中。这表明在不同案件类型中，对于勘验的需求和效果存在差异。未来的法律制度应当更加细化不同案件类型对于勘验的要求，以更好地满足司法实践的需要。检察机关在公益性案件中积极履行监督职责，成为判决公正的推动力。这为社会正义的实现提供了重要保障。然而，对于其角色和职责的深化和完善，还需要在实践中不断总结经验，进一步明确其在不同类型案件中的具体职能。公益诉讼的特殊性和重要性需要更加精细地规划检察机关的介入方式，以更好地服务社会公益。伴随着检察机关权力的扩大，监管和规范成为迫切需求。适度的监管既有助于防范滥用权力的风险，又能够确保勘验的合法性和合理性。监管机构应当在制定规范的同时，关注勘验实践中的问题，及时调整监管政策，以适应社会法治进程的发展。最后，未来司法发展中，深化和完善检察机关的角色和职责将是至关重要的议题。通过进一步明确其职能和使命，不断提升其专业水平和执行力，可以更好地适应社会变革和法治进程的需要。司法体系的公正与高效将得益于检察机关在勘验领域的深化和完善。

3. 技术性证据审查意见

新《监督规则》第64条第2款的规定为检察机关指派检察技术人员对技术性证据进行专门审查提供了法律依据。审查意见的提出不仅有助于对技术证据进行全面评估，而且强调了司法公正的基石。检察技术人员，类似于司法技术人员，肩负着审查技术性证据的责任。值得强调的是，尽管司法技术人员的意见并非法定证据，但却具备转化为审判机关认可的事实的潜力。在司法程序中，技术性证据审查因其独特而至关重要的辅助地位而备受重视。

新《监督规则》进一步强调了对技术性证据审查的重要性。在刑事案件中，技术性证据审查的关键性表现得尤为明显，因为这直接关系到被告的定罪和量刑。而在民事检察中，尽管技术性证据审查相对较为稀缺，但这一趋势可能会逐步增加。为了确保技术性证据审查的有效性，我们需要建立一套严格规范的制度，并为技术人员提供专业培训。技术性证据审查制度的建立并非仅仅是司法体系的改革之一，更是为司法公正提供有力支持的关键步骤。在新《监督规则》的框架下，技术人员的角色得到了明确，然而，我们仍需要进一步深入研究和完善这一制度，以更好地适应社会需求。通过持续优化技术性证据审查制度，我们可以更有效地保障司法体系的公正性和透明度，确保公众对司法程序的信任。从长远来看，技术性证据审查制度的完善不仅仅是司法改革的一环，更是为了迎接社会与科技快速发展所带来的挑战。在数字化时代，技术性证据的复杂性和数量的激增使得审查的任务变得更为庞大而复杂。因此，我们需要通过不断更新技术性证据审查制度，确保其足以应对新兴科技带来的挑战，从而保持司法体系的现代性和有效性。此外，在新《监督规则》的指引下，技术人员的具体角色已经得到澄清，但这仅仅是一个开始。我们需要进一步深入研究技术人员的专业要求，确保其能够胜任复杂的技术性证据审查任务。培训计划的制订将是必不可少的一步，以确保技术人员始终保持对最新技术和法律法规的了解。需要强调的是，技术性证据审查制度的建立和完善是司法公正的关键组成部分。通过透明、公正的技术性证据审查，我们能够确保司法决策的客观性和公正性。这不仅关系到个别案件的正义，更影响着社会对司法体系的信任。因此，对技术性证据审查制度的持续投入和改进将在维护司法公正方面发挥至关重要的作用。

三、检察机关对新证据的审查认定

《民事诉讼法》第 66 条第 2 款规定，证据必须查证属实，才能作为认定事实的根据。民事检察监督实践中案件审查通常以书面审查为主，但是单纯的书面审查会产生证据审查不充分、认定不准确等问题，且在未通知一方当事人情形下进行的证据调查，无论结果如何符合客观真实、成本如何低廉，都因没有充分保障当事人的听审权，不能作为《民事诉讼法》上的证据调查。

新《监督规则》并未就检察机关对新证据的审查程序、认证内容及认证标准等予以明确，可能造成审查程序的不规范和认证标准的失当。因此，有必要结合民事检察监督程序中现有的制度，对新证据的审查认证规则予以规范。

（一）新证据的审查程序

1. 调查核实程序

新《监督规则》规定的调查核实程序是检察机关履行监督职责的重要手段，具有保障司法公正和准确的职能。该程序的核心在于全面调查案件事实和证据，以确保司法裁判的准确性和公正性。其具体措施包括调取证据、制作证据，以及对当事人等进行询问核实。通过单方询问和深入调查，评估新提出证据的真实性，判断是否足以推翻原判决。以合同纠纷案为例，程序在实践中展现了其应用，特别强调了对提交证言的详细调查，这一过程中需要解决强烈单向性和潜在烦琐问题。为解决这些问题，建议采取平等听取双方意见的策略，并设立合理的程序规则。科技手段如信息技术，可以提高程序效率，通过在线听证等方式保障参与权。在改进调查核实程序时，关键在于平衡单向性和烦琐性。调查核实程序的公正性和实用性至关重要。程序应确保在审查证据和调查事实时对各方公平对待，避免单方面的偏见。在实践中，对提交的证言进行细致调查是至关重要的一环。合同纠纷案例中的经验表明，问题可能涉及强烈的单向性和可能的烦琐情况。为此，建议通过平等听取双方意见，并在程序中设立明确的规则，确保公正性。科技手段在改进调查核实程序方面发挥着关键作用。信息技术的运用可以提高程序效率，如通过在线听证，确保参与方的权益得到充分保障。平衡单向性和烦琐性是关键挑战，需要审慎权衡。改进调查核实程序应当注重公正性，确保每一方在程序中都能平等表达意见，并注重实用性，通过科技手段提高程序的操作效率。总体而言，调查核实程序在司法实践中扮演着不可或缺的角色。其改进应当从平衡单向性和烦琐性出发，注重公正性和实用性，借助科技手段提高效率。这将有助于确保司法裁判的准确性和公正性，从而提升整个司法体系的信任度。

2. 听证程序

听证程序在检察机关案件审查中扮演着至关重要的角色，这是一种审查方式，具有明显的选择性。在实际操作层面，是否启动听证程序需要全面考虑案件的特点，综合各种因素进行权衡。检察机关可根据案件的复杂性决定是直接听取当事人陈述，还是采用启动听证程序的方式。这一选择的灵活性使得检察机关能够更好地适应不同案件的需要，确保审查的精准性和全面性。在复杂案件中，听证程序显得尤为必要。它要求全面、综合地了解案件事实，为检察机关提供更为全面、深入的视角。听证员在这一程序中起着关键作用，他们需要具备专业的背景和公正、中立的立场。尽管新《监督规则》未明确规定听证员的资格，但这一灵活的设定为实践操作提供了空间，使得合适的人选能够更好地履行这一职责。值得注意的是，听证程序的运用有助于保障当事人的权利。通过当事人的陈述和证言，案件的真实情况能够更为清晰地呈现，从而确保审查程序的公正和客观。检察机关在实践中需灵活运用听证程序，通过合理地安排和精准地调查，推动司法公正的实现。对于新《监督规则》而言，尽管未对听证员资格作具体规定，但这种灵活性为实践操作提供了可操作的空间。这也强调了在复杂案件中，选择合适的听证员尤为关键。检察机关在使用听证程序时，不仅需要关注程序的公正性，更需注重程序的透明度，确保整个审查过程能够经得起法律和伦理的审视。总体而言，听证程序作为一种审查手段，对于检察机关来说具有不可替代的重要性。通过灵活运用这一程序，检察机关能够更好地应对不同案件的需求，提高审查效率，确保司法公正的实现。同时，对于听证员的要求和选拔，也需要更为慎重，以确保其在程序中发挥积极且中立的作用。

（二）新证据的认证内容

证据认证是司法机关对当事人提供的证据进行审查、评估的过程。其目的在于确定证据的能力和证明力。在整个审查流程中，遵循一系列听证程序原则，其中新《监督规则》规定在听证中应充分听取各方当事人的意见。是否进行听证的判断标准主要取决于证据是否足以证明原判决错误。如果证据不足以证明原判决错误，就可以不进行其他当事人的听证；反之，则需要听取各方的意见，以确保公正审判。证据的能力标准涵盖了合法性、客观性和关联性，审查过程中要优先检查这些方面。证据的证明力定义了证据对认定待证事实的影响大小，这是评估证据价值的关键因素。审查流程主要包括检察机关结合案件争议问题和待证事实，通过调查核实和听证程序来判断证据是否能够证明原判决的错误。为了提高审查的准确性，特殊调查核实程序被引入。这一程序由检察技术人员负责审查技术性证据，协助检察官判断其证明力。此外，鉴定意见审查也是审查的一部分，检察官需要审慎判断当事人自行委托鉴定机构的意见能否作为新证据，并考虑其技术专业性，确保这些意见的可信度。在技术性证据的审查方面，引入了专门的技术性证据审查程序。这一程序的主要目的是辅助检察官判断技术性证据的证明力，以便更全面地评估新证据。检察技术人员在这一过程中起着关键作用，通过他们的专业知识，提供对技术性证据的准确评估，从而完善审查程序。总体而言，证据认证的审查流程是一个严密而系统的过程，通过合理运用听证程序、明确证据能力标准、考虑证据证明力，以及引入专门的技术性证据审查程序等手段，旨在确保司法审判的公正性和准确性。这些步骤的有机结合为司法机关提供了科学、全面的方法，以应对不同类型案件中可能出现的证据问题，为公正司法的实现提供了坚实基础。

证据能力和证明力是司法机关进行证据认证的两个基本方面。证据能力的认证，主要是对单个证据的判断，属于初始审查。证明力的认证，是对全案证据的综合审查判断，属于深入审查，这还涉及裁判者以何种方式进行证明力评价问题。目前，法官评价证据证明力主要依赖两种路径：一种是遵循法律、司法解释规定的证明力规则作出判断，即法定证据原则；[1] 另一种是依照经验法则作出判断，即自由心证原则。[2] 在法定证据原则方面，现行《民事证据规定》虽然删除了 2002 年《民事证据规定》第 77 条明确证据证明力

---

[1] 民事诉讼中的证据调查具有多重含义，既包括当事人、司法机关对证据的收集，也包括司法机关对证据的审查判断。参见齐树洁、黄斌：《论民事诉讼中的证据调查》，载《河南省政法管理干部学院学报》2002 年第 4 期。

[2] 运用自由心证原则对证据的证明力进行评价，在学理上是不存在争议的，而对证据能力的评价是否能纳入自由心证的范畴，还存在一定争议。因此，本章仅讨论对证据证明力评价的标准。张卫平：《自由心证原则的再认识：制约与保障——以民事诉讼的事实认定为中心》，载《政法论丛》2017 年第 4 期。

大小的最佳证据规则条款，[1] 但现行《民事证据规定》第 94 条第 1 款规定了五种法院"可以"确认电子数据真实性的情形，第 94 条第 2 款规定法院"应当"确认经过公证电子数据的真实性。在双方当事人分别提交属于上述第 1 款、第 2 款情形的电子数据，且证据均为真实的情况下，根据该条规定，可以推定经过公证的电子数据证明力要高于其他形式电子数据的证明力。这是以间接方式规定不同电子数据证明力大小的区别，属于法定证据原则的体现。另外，《民事证据规定》第 90 条规定了五种不能单独认定案件事实的证据类型，主要包括当事人陈述，无民事行为能力人或限制民事行为能力人所作的与其年龄、智力状况等不相当的证言，有利害关系证人的证言，存在疑点的视听资料、电子数据，无法核对原件、原物的复印件、复制品等。该条蕴含的证明力补强规则，[2] 也是法定证据原则的一种保留。在自由心证原则方面，虽然我国法律、司法解释并未明文规定自由心证原则，但《民事诉讼法》第 67 条、《民事证据规定》第 85 条第 2 款等规定，都属于自由心证原则下法官评价证据证明力的具体规范，即根据道德、良知、理性、经验规则作出判断。[3] 自由心证原则现已成为民事诉讼中进行证据认证、证明力评判的一项基本原则。[4]

（三）新证据应达到的证明标准

检察机关利用调查核实、听证等程序对新证据进行审查后，要判断新证据需达到何种证明标准，才足以证明原判决、裁定确有错误，并以此为由提出检察监督，这涉及新证据的证明标准问题。就检察机关提起刑事公诉而言，

---

[1] 最佳证据规则属于证明力规则的一种。这一规则曾在美国的证据法学研究中产生激烈论战，最终形成证据可采性规则的主流观点，且基本否定了证明力规则。李训虎：《美国证据法中的证明力规则》，载《比较法研究》2010 年第 4 期。

[2] 也可称为证明力否定规则（孤证不能定案）。除该规则外，司法实践中还有证明力减等规则、证明力优先规则、证明力推定规则等证明力规则，影响着法官对证据证明力的评判。张卫平：《自由心证原则的再认识：制约与保障——以民事诉讼的事实认定为中心》，载《政法论丛》2017 年第 4 期。

[3] 张卫平：《民事诉讼法（第 5 版）》，法律出版社 2019 年版，第 214 页。

[4] 胡学军：《静水深流：我国民事证据制度朝"自由心证"的悄然迈进》，载《南大法学》2021 年第 1 期。

不同学者对公诉阶段是否存在证明标准还持有不同观点。[1] 民事检察监督是否也存在证明标准，进行监督应当达到何种证明标准，也是一项悬而未决的议题。从民事检察监督的程序构造[2] 来看，检察机关处于一种居中行使司法权[3] 的地位。行使司法权的具体方式，是判断是否应通过抗诉或再审检察建议启动再审程序。民事检察监督程序作为民事审判监督程序的组成部分，判断新证据是否足以证明原判决、裁定确有错误，必然要适用民事诉讼的相关证明标准，以判断新证据对待证事实的证明程度。虽然从司法权的行使方式看，民事检察监督程序与审判机关的申请再审审查程序相似，都是一种再审程序启动权，且有学者认为在申请再审审查程序中，当事人主张的再审事由只需达到有较大可能成立，审判机关即可启动再审，无须达到"高度盖然性"的证明标准。[4] 但是，从民事检察权的运行机制来看，民事检察监督作为民事案件当事人司法救济的最后一环，必须保持一定的谦抑性，[5] 以最大限度维护司法权威和判决既判力。在民事检察实务越发强调"精准监督"的当下，要求检察机关的民事抗诉或再审检察建议实现监督"精准"，[6] 确保监督的案件能够得到改判，就不能采用审判机关在申请再审审查程序中适用的较低证明标准。从"两高"司法解释的文本差异分析，《民事诉讼法解释》第 385 条规定新证据达到"能够证明原判决、裁定认定的基本事实或裁判结果错误"，即可进行改判；新《监督规则》第 76 条规定新证据要达到"能

---

[1] 杨冠宇、郭凯伟：《论提起公诉的证明标准》，载《证据科学》2019 年第 1 期。

[2] 需要说明的是，这里仅指当事人向检察机关申请对已生效民事判决、裁定进行监督后，检察机关主导的民事检察监督程序，并不包括检察机关向审判机关提起抗诉后启动的再审程序。

[3] 对于检察权的权属性质，现行通说为检察权就是法律监督权，但这是着眼于检察权全貌作出的概括性论断。具体到民事检察监督程序而言，在检察机关受理当事人的监督申请后，直至作出监督或不监督的决定之时，民事检察权本质还是对案件的是非曲直进行查证、判断的司法权，检察官扮演"法官之后的法官"角色。因此，这一阶段的检察权本质属性仍是司法权。傅郁林：《我国民事检察权的权能与程序配置》，载《法律科学（西北政法大学学报）》2012 年第 6 期。

[4] 王亚新、陈杭平、刘君博：《中国民事诉讼法重点讲义》，高等教育出版社 2017 年版，第 287 页。

[5] 彭幸：《论民事检察监督谦抑性机制的构建》，载《政法学刊》2017 年第 5 期。

[6] 滕艳军：《民事诉讼精准监督的实现与保障》，载《人民检察》2019 年第 13 期。

够证明原判决、裁定确有错误"，才可提出检察监督。在民事检察监督中，证明错误的标准应当至少与审判机关再审程序相当，抑或更为严格。当检察机关以新证据证明原判决存在错误并进行监督时，其证明标准应与民事再审裁判相一致。为实现民事检察监督的谨慎性和精确性，必须确立高度盖然性的证明标准。这意味着在证明原判决错误的过程中，检察机关需提供更为充分和确凿的证据，以确保对司法决策的质量和准确性进行有效监督。

新的证据即使具备"高度盖然性"，也不足以使原判决发生颠覆。在民事检察监督与再审的统一标准下，对于新证据的要求是"排除合理怀疑"。虚假诉讼的认定必须满足"排除合理怀疑"的证明标准，而这一认定牵涉到对案件事实和法律关系的根本否定。虚假诉讼的认定是一个复杂而敏感的过程，需要更高标准的"排除合理怀疑"来确保其准确性和公正性。这意味着在检察机关进行虚假诉讼认定时，要采用超越一般水平的标准，以确保排除一切合理怀疑，从而保障司法的公正和权威。在虚假诉讼的认定过程中，必须明确指出虚假诉讼并非简单的事实错误，而是对案件事实和法律关系的根本性否定。这涉及更深层次的法律分析和事实审查，需要确保任何对虚假诉讼的认定都是经过慎重考虑和详尽调查的结果。因此，针对虚假诉讼的检察认定应当更为慎重，以免对当事人的权益产生不可逆转的影响。在这一过程中，检察机关应当充分考虑并尊重法律程序，确保透明度和公正性。只有在高于常规的"排除合理怀疑"标准下进行认定，才能保障司法的权威和社会的公信力。总体而言，新证据的提出虽然重要，但其本身仍需受到更高标准的审慎评估。维护司法公正与权威，以及保障当事人的合法权益，是在虚假诉讼认定中必须严守的原则。

四、审判监督程序中检察机关对新证据的运用

检察机关在对新证据进行审查认证后，如果认定新证据不足以证明原判决、裁定确有错误的，应当作出不支持监督申请的决定；如果认定新证据足以证明原判决、裁定确有错误的，则要依法提出抗诉或再审检察建议。这时，就涉及检察机关如何运用新证据的问题。司法实践中检察机关运用新证据的方式并不统一，新《监督规则》等司法解释也未就有关新证据运用规

则形成系统规范。因此，本书建议从以下几个方面完善新证据的运用规则，以规范民事检察监督实践。

（一）检察机关对新证据进行出示和说明

争议的背景源于检察机关在再审庭审中是否应该举证存在分歧的问题。针对这一问题，社会观点存在分歧。一种普遍的看法认为，检察机关并非案件的当事人，因此不应该参与法庭辩论和提供证据，以确保庭审中的"两造平等"原则。然而，新《监督规则》明确规定，检察人员在再审中有责任出示和说明检察机关调查得到的证据，而非提出新证据。就证据的范围而言，新《监督规则》设定了一定的限制，主要包括检察机关调查和制作的新证据，而不包括当事人提供的新证据。这一限制可能引发一系列问题，如果检察机关无法出示当事人提供的新证据，可能导致事实上的争议，进而影响庭审的公正性。另一个潜在问题涉及监督理由的难以成立。当事人在监督程序中提供了新证据，但在再审庭审中未能提供，可能使监督理由难以成立。这涉及权利与原则之间的冲突，因为在处分原则下，当事人有提供证据的权利，但不提供可能违反了诚实信用的原则。法律未对这类行为进行明确规定，这也是一个需要引起关注的问题。在法律未能明确规范的情况下，如何处理检察机关在再审庭审中的证据责任仍然是一个尚待解决的法律难题。在深入思考中，这一问题不仅仅是程序性的争议，更涉及司法体系中权力与责任的平衡。一方面，维护"两造平等"的原则是司法公正的基石，检察机关作为公权力机关，参与法庭辩论和提供证据可能引发对司法公正的质疑。另一方面，若检察机关不负有证明责任，可能会导致庭审中信息不对称，破坏庭审公正。为突破这一困境，或许可以考虑在法律层面明确规定检察机关在再审庭审中的证据责任，并设定相应的程序规则。例如，规定检察机关应当在一定期限内出示调查得到的证据，并明确当事人提供的新证据应当在何种程序下被考虑。这样的规定既能确保检察机关在庭审中履行其证明责任，也能保障当事人的合法权益，从而达到司法公正的目标。综上所述，检察机关在再审庭审中的证据责任问题涉及多方面的利益平衡，需要在法律和程序规则层面进一步明确和完善。通过建立明确的法律框架，既可以维护司法公正的原则，也能有效平衡各方利益，为司法实践提供更为清晰的指导。

司法体系中，检察机关扮演着监督和庭审参与的关键角色，通过提出监督意见和积极参与庭审，有效履行司法权。在张卫平看来，检察再审监督权被视为程序启动的权力。然而，笔者认为在再审庭审中呈现和解释新证据更类似于刑事公诉权的行使。在刑事再审过程中，检察机关不仅有监督职能，更类似于刑事公诉权的行使。在法律程序中，再审庭审提供了呈现和解释新证据的机会，而这与刑事公诉权的行使密切相关。在这个过程中，检察机关能够揭示案件的真相，为司法决策提供更全面的信息，以保障司法公正。而在民事再审中，检察机关的角色也不可忽视。为了确保法律实施的顺利进行，检察机关可以在一定范围内打破平衡。在再审庭审中，出示和说明新证据成为其职责之一，以有效监督并防止当事人滥用权利。在这一过程中，检察机关不仅仅是司法的监督者，更是法律实施的维护者，通过适度的介入来维护社会秩序和法治原则。总体而言，检察机关在司法体系中的作用多元而重要，既有监督职能，又参与庭审，以确保司法的公正与有效。在刑事和民事再审中，其职责并不停留于程序的启动权，也涉及呈现和解释新证据，其行使权力更富有深度和广度。检察机关的介入为法律实施提供了坚实的保障，促使司法体系更好地履行其责任。

检察机关有权利用新的证据来推翻先前的判决。尽管法律尚未对监督的具体方式作出明确规定，但可以考虑采用再审检察建议的方式进行监督。在法律中并未规定检察人员是否应当在再审检察建议的庭审中出席。抗诉和再审检察建议被视为监督手段，然而，这不应限制检察机关在再审庭审中提出新证据的权力。为了确保检察机关能够有效履行其监督职责，建议制定明确的程序规定，规范再审检察建议后检察人员是否应当出席庭审，从而完善相关法律条款。这一步骤有助于保障再审检察建议的有效性，并确保检察机关在履行监督职责时能够顺利进行。

（二）以检察机关基于新证据认定的事实作为再审裁判的基础

我国的民事二审和再审程序实行续审制度，这意味着在这两个审理阶段，都以原审中确认的事实为基础，同时允许在此基础上补充相关资料。在民事再审过程中，通常是由检察机关发起审判监督，必须制作一份抗诉书。尽管检察机关的监督文书中所查明的事实，对审判机关再审裁判并不具有直接的约束力。然而，这一制度中存在的一个潜在问题是，不同主体启动审判监督程序可能导致对事实的认定出现不一致。这种差异可能源于不同主体对案件的关注点、立场或证据的获取途径，从而影响他们对案件事实的理解和解释。这或许会在一定程度上对司法公正和裁判一致性构成挑战。尽管续审制度为程序提供了灵活性和补充资料的空间，但在实践中需要审慎处理不同主体之间的审判监督程序。为确保最终的再审裁判具有事实的一致性和客观性，有必要加强协调和信息共享机制，以减少可能引发的认定差异。此外，可以考虑建立专门机构或平台，促进各方之间更紧密的合作，确保案件事实能够得到全面、准确地呈现。此外，对于检察机关制作的抗诉书，应当规范其内容和标准，以确保文书中所述事实的准确性和客观性。这有助于缩小因抗诉书不当而引发的认定差异。审判机关在审理再审案件时，应当更加注重对抗诉书中所述事实的独立审查，确保再审裁判更具有客观性和准确性。总体而言，续审制度为我国民事二审和再审程序提供了一种灵活而有益的审理框架，但在实践中需要对不同主体的审判监督程序进行合理地协调和管理。这样才能保障司法公正，避免因不一致的认定而影响再审裁判的质量和公信力。

检察机关所确立的事实认定与审判机关并无约束关系，这或许与其固有的公权监督属性相关。民事检察监督初期，主要侧重于提出抗诉，尽管在此过程中存在一定的改进空间。然而，随着时间的推移，民事检察逐渐凸显出对公权监督与私权救济的重视，其监督程序变得更加周密，取得的效果也逐年提升。对于检察机关新证据认定的事实，其在审判机关中享有与审判机关调查同等的有效性。审判机关在处理案件时，应尽量避免采取"不予置评"的态度，以促进司法机关之间的积极合作。当审判机关认同新证据有可能推翻原判决时，理应确认检察机关所认定的事实，并进行相应的"接续"审理。在发现审判机关对新证据持认同立场，可能颠覆原判决的情况下，审判机关有责任确保对检察机关所认定的事实进行确认。与此同时，审判机关也应在再审过程中及时纠正任何发现的检察机关的错误，以推动检察机关进一步完善其证据查证和事实认定工作。这种相互协作的关系有助于维护司法体系的公正性与完善性。在实际案件审理中，审判机关应避免对检察机关的工作采取过于被动的态度，而应更积极地与检察机关进行信息共享和协同努力。此外，法院在确认新证据推翻原判决时，应当审慎考虑检察机关认定的事实，以确保审判过程的公正和客观。在这一过程中，法院的裁量权发挥着关键作用，要确保对检察机关认定的事实给予充分的尊重与重视。这种及时的反馈机制有助于构建一个更加健全和高效的司法体系。审判机关与检察机关的互动与协作，既有助于弥补彼此的不足，也有助于维护司法公正与权威。因此，在司法实践中，建立更为紧密的法检合作机制是确保司法公正、提高司法效能的必要步骤。

（三）检察机关对当事人逾期提出新证据或提出虚假新证据的惩戒

《民事诉讼法》中规定的证据适时提出的原则，主要适用于民事审判监督的实践，然而在这一过程中，检察机关并未被赋予对当事人进行训诫的权力。新《监督规则》中删除了检察机关对训诫权的规定，并引入了"批评教育"的概念，然而这一措施并未被明确列为法定的强制手段。对检察机关训诫权的删除可能被视为对司法权的不当限制，但却是出于对程序价值的考虑。在新的监督制度下，检察机关在再审过程中负责处理新出现的证据，这可能导致当事人对于提交证据持谨慎态度，进而影响举证时限的程序价值。尽管《民事诉讼法解释》规定了逾期证据的补偿费用，然而这并非司法机关的强制手段。为了避免可能产生的负面后果，检察机关可在监督文书中明确当事人逾期举证的情况，并向审判机关建议对其进行训诫或罚款，以充实审判监督程序中的举证时限制度。这种做法旨在维护程序公正，同时确保司法机关在程序执行中具备必要的权力，以促进整个司法体系的顺畅运作。

新《监督规则》的颁布为处理伪造证据问题提供了一系列新的法律规定。根据规定，检察机关对伪造证据可进行批评教育，若涉嫌犯罪则会移交至司法程序进行处理。然而，对这一规定的实际效果存在一些值得关注的问题。首先，当前的批评教育并未对当事人造成实质性的成本压力，难以在根本上有效地阻止虚假行为的发生。在法律制度中，成本往往是一种约束力的体现，但批评教育并未给予当事人足够的压力。因此，有必要对批评教育的方式和手段进一步考量和改进，以确保其能够真正发挥威慑作用。其次，提交虚假证据的犯罪标准设置过高，使得在监督阶段难以对其进行充分的查证。虚假证据的判定标准应该更为明确和可操作，以确保在司法程序中更容易界定何为虚假证据，进而更有力地打击此类行为。当前的标准过于严苛，导致虚假证据难以被有效追究，从而无法阻止不诚信行为的蔓延。在一些案件中，检察机关未能充分查明虚假证据，却以新证据证明原判决错误进行监督。这种情况可能为当事人带来利益，但同时也增加了其他当事人的诉讼成本。因此，在监督程序中，应更加慎重地权衡新证据的确凿性和对各方当事人的影响，以确保司法监督的公正和公平。尽管检察机关在监督程序中拥有一定的建议权，但该权力仅在再审程序后才能够得以适用。为提升检察机关的监督效能，建议修改相关法律，赋予检察机关在监督程序中直接对虚假证据采取训诫、罚款等措施的权力。这样的修改将更好地强化检察机关在司法监督中的法律职责，有助于更全面地保护司法公正。综上所述，虽然新《监督规则》为处理伪造证据问题提供了一些新的法律规定，但在实际操作中仍然存在一些亟待解决的问题。通过对批评教育的优化、虚假证据标准的合理调整以及对检察机关权力的法律修改，可以更加全面有效地应对虚假证据问题，提高司法监督的效果，确保法律的公正执行。

在监督民事审判的过程中，检察机关扮演着至关重要的角色，通过仔细审查和灵活运用新的证据，以确保案件的公正、真实和合法。在这个过程中，检察机关展现出的专业素养和公正判断力起着关键作用，不仅有助于确保证据得到妥善运用，而且有助于维护司法体系的公信力，推动社会走向更加公平正义的方向。随着社会的不断发展，检察机关在不断提升自身职能和素质的过程中，将为构建更加公正、透明的司法体系提供强大的动力。检察机关不仅要适应社会的变革，还要积极引入先进技术和方法，以更好地适应日益繁复的法律环境。通过持续的努力和创新，检察机关将在维护法治、促进社会公平正义的道路上发挥更为重要的作用。